Richard Webster – Die großen Erzengel: Michael

Richard Webster

DIE GROSSEN ERZENGEL

MICHAEL

Vom Wirken der Erzengel im Himmel und auf Erden

tb
AQUAMARIN

1. Auflage 2010

Aquamarin Verlag GmbH
Voglherd 1 • D-85567 Grafing
www.aquamarin-verlag.de

Titel der amerikanischen Originalausgabe:
Communicating with the Archangel Michael

Übersetzung aus dem Englischen: Astrid Ogbeiwi

Umschlaggestaltung: Annette Wagner

ISBN 978-3-89427-547-1

Druck: Bercker • Kevelaer

INHALT

Für meinen Bruder Gordon

EINFÜHRUNG

Das Wort „Engel“ kommt vom griechischen *angelos*, was „Bote“ bedeutet. Engel sind Boten Gottes, so sagt man. Sie sind spirituelle Wesen und spielen in fast allen Religionen eine wichtige Rolle. Sie sind Diener Gottes und dazu da, seinen Willen auszuführen (Buch Tobias 12, 18). Die Engel verehren Gott und dienen ihm. Engel findet man im Judentum, im Christentum, im Hinduismus, im Islam, im Parsismus und im Tibetischen Buddhismus. In der Bibel werden Engel an über dreihundert Stellen direkt erwähnt. Johannes von Damaskus schreibt: „Ein Engel ist also ein intelligentes Wesen, in ständiger Bewegung, mit freiem Willen begabt, unkörperlich, er dient Gott, hat durch Gnade eine unsterbliche Natur erlangt und der Schöpfer allein kennt Form und Begrenzung seines Wesens.“ [1]

Engel sind immer Mittler zwischen den Menschen und Gott, auch wenn Beschreibung und Aufgabengebiet in den verschiedenen Kulturen leicht abweichen. Der Buddhismus zum Beispiel kennt die *Bodhisattvas*, die als Engel gelten, aber vervollkommnete Menschen sind, die den Eintritt ins Nirvana verschieben, um den heute lebenden Menschen zu helfen. Emanuel Swedenborg, der Seher des 18. Jahrhunderts, teilte diese Auffassung. Die *Apsaras* der Hindus verströmen Freude und Liebe. Außerdem halten sie die Toten liebevoll umfangen, während sie sie der endlosen Glückseligkeit im Paradies entgegentragen.

1 Johannes von Damaskus, *Expositio fidei*, hrsg. Von B. Kotter, in *Die Schriften des Johannes von Damaskus II (Patristische Texte und Studien PTS 12)*, Berlin 1973, Übersetzung hier nach dem englischen Text, d. Ü.

Traditionell glaubt man, dass Gott die Engel am zweiten Schöpfungstag geschaffen hat. Die ersten Zeilen von Psalm 104 deuten dies in ihrem Überblick, wie Gott die Welt geschaffen hat, so an. Zuerst war das Licht, darauf folgten die Himmel, die Engel und erst dann die Erde.

Engel sind mächtige Wesen, und weil sie dies wissen, lauten die ersten Worte, die ein Engel zu einem Menschen in der Bibel sagt: „Fürchte dich nicht."[2] Die Furcht hält jedoch nie lange an, denn Engel bringen allen, die sie sehen, Freude, Trost und Glückseligkeit. Außerdem sind Engel einfühlsam, fürsorglich und liebevoll. Thomas von Aquin schrieb: „Ihr Wille ist von Natur aus liebevoll."

Engel sind extra für ihre Aufgabe geschaffen und waren – mit nur einer bekannten Ausnahme – niemals menschlich. Der Prophet Henoch, Verfasser des *Buches Henoch*, wurde von Michael in den Himmel entrückt und in einen Engel mit Namen Metatron transformiert.

Engel sind vollkommene spirituelle Wesen, deren Ziel es ist, allem in Gottes Universum zu dienen, ihm zu helfen, es zu beschützen und zu erhalten. Hinter allem, selbst hinter schlichtem Fels oder einer kühlenden Brise, steht eine Engel-Intelligenz, die gewährleistet, dass Gottes Wille geschieht. Die Engel dienen und loben Gott. Die Bibel beschreibt Engel als „dienstbare Geister, ausgesandt zum Dienst um derer willen, die das Heil erben sollen" (Hebräer 1, 14).

Nach christlicher Überlieferung sind Engel geschlechtslos. In der jüdischen Tradition gelten Engel als maskulin. Wenn die Bibel auf Engel verweist, stellt sie sie eher maskulin als feminin dar. Der Engel des Herrn, der Petrus aus seinen Ketten befreite und ihm zur Flucht aus dem Gefängnis verhalf, erscheint durch und durch männlich (Apostelgeschichte 12, 7-11). In der Renaissance verliehen die Künstler den Engeln ein zusehends weiblicheres Aussehen. John Milton (1608-1674) jedoch sah die Engel anders. In *Das verlorene*

2 Unter anderem in: Daniel 8, 17; Daniel 10, 11; Matthäus 28,5; Markus 16,6; Lukas 1, 12-13, Lukas 2,9; Apostelgeschichte 10,4.

Paradies erfreuen sich Engel eines sinnlichen Daseins, einschließlich häufiger körperlicher Liebe.

Engel existieren einzig, um uns zu helfen. Folgerichtig rufen die Menschen sie seit Urzeiten um Hilfe an. Diese Hilfe wird stets bereitwillig gewährt; und nicht nur das: Die Liebe, Kraft, Weisheit und Unterstützung der Engel steht uns Tag für Tag zur Verfügung.

Die Existenz der Engel ist unter den Menschen seit jeher strittig. Trotz aller Erwähnungen von Engeln in der Bibel, die sogar bis zum Buch Genesis (1. Mose) zurückreichen, leugnen viele Christen die Existenz der Engel. Die Bibel berichtet sogar von einer Auseinandersetzung, in der die Sadduzäer erklären, es gäbe keine Engel, wohingegen die Pharisäer behaupten, es gebe sie sehr wohl (Apostelgeschichte 23, 7-9).

Trotz derartiger Zwistigkeiten gibt es in den alten Texten der meisten Religionen sehr viele Informationen über Engel. Eine bedeutende Informationsquelle sind die Schriftrollen vom Toten Meer, verfasst von den Essenern, einer religiösen Gemeinschaft, die in Qumran am Toten Meer lebte. Die Essener glaubten, dass sie, um ein gutes und ausgeglichenes Leben zu führen, oft Zwiesprache mit den Engeln halten müssten, am besten morgens und abends. Zu den ersten christlichen „Bestsellern“ gehörte eine kleine Schrift, *Der Hirte des Hermas*, die große Beliebtheit erlangte. Der „Hirte“ war in Wirklichkeit der Schutzengel des Hermas. Hermas glaubte, dass jeder Mensch zwei Engel habe – einer, der ermutigt, Gutes zu tun, während der andere zum Bösen verleitet. Wer das Buch heute liest, wird kaum nachvollziehen können, warum es so populär war, aber die schlichte Erzählung von einem Menschen, der mit seinem Engel Zwiesprache hält, brachte bei den Menschen jener Zeit offensichtlich eine Saite zum Klingen.

Die älteste, heute noch existierende Engeldarstellung befindet sich auf einer 6.000 Jahre alten sumerischen Stele, auf der unter anderem eine geflügelte Gestalt zu sehen ist, die das Wasser des Lebens in den Kelch eines Königs gießt.[3] Viele Engeldarstellungen gibt es in der religiösen Kunst Assyriens, Ägyptens und Phöniziens. Bemerkenswerterweise fand man eine hethitische Engeldarstellung auf dem Sonnentor in Tiahuanacu, was wohl auf frühe hethitische Kontakte nach Südamerika schließen lässt.[4]

Trotz dieser Beschreibungen geflügelter Engel spüren die meisten Menschen Engel eher und sehen sie nicht. Sie erscheinen in Träumen, Gedanken, Visionen, verschiedenen Wetterphänomenen und zuweilen sogar als Tiere oder Menschen. In einer Predigt zum Thema sagte der deutsche Dominikaner-Priester und Philosoph Johannes Tauler (ca. 1300-1361): „Sie haben weder Hände noch Füße, weder Form noch Materie; und was sollen wir über ein Wesen sagen, dass keines dieser Dinge besitzt und mit unseren Sinnen nicht erkennbar ist? Was sie sind, wissen wir nicht ... Deshalb sprechen wir von den Werken, die sie an uns tun, und nicht von ihrem Wesen."[5]

Thomas von Aquin (1225-1274), der mittelalterliche Philosoph, den man „doctor angelicus" nannte, glaubte, dass Engel aus reinem Gedanken oder Intellekt bestünden. Sie könnten physische Körper annehmen, wenn sie das wünschten, aber auch diese bestünden rein aus Gedanken.

Emanuel Swedenborg nahm an, dass wir Engel, weil sie nicht aus materiellen Substanzen bestehen, nur dann sehen können, wenn sie sich für kurze Zeit mit einem materiellen Körper umgeben oder wir unser inneres oder geistiges Auge öffnen.

Am Thron Gottes haben Engel natürlich keinerlei Form. Man nennt sie *Throne* oder *Räder*, denn sie bestehen aus wirbelnden Feuerkugeln oder reiner Energie. Dieser reine Gedanke oder die reine Energie ist eng mit der Intuition verbunden. Wenn wir eine

3 Paul Roland, *Angels: An Introduction to Angelic Guidance, Inspiration and Love*, Judy Piatkus, London 1999

4 Zecharia Sitchin, *Begegnungen mit den Göttern*, Kopp, Rottenburg 2004.

5 H. L. Pass, *Demons and Spirits*, Artikel in *Encyclopaedia of Religion and Ethics*, hrsg. Von J. Hastings, Charles Scribners, New York 1911

plötzliche Eingebung erhalten, ist dies möglicherweise die Botschaft eines Engels.

Seit Anbeginn der Zeit gibt es Menschen, die Engel sehen können. Das Zweite Konzil von Nicäa (787) vertrat die Ansicht, „Engel“ seien „nicht gänzlich unkörperlich oder unsichtbar, sondern mit einem dünnen Äther- oder Feuerkörper ausgestattet.“[6] Viele Menschen sehen Engel als Farbe. Dionysios zum Beispiel dachte, Engel seien wie Tupfen aus Gold, Silber oder Bronze oder rote, weiße, gelbe und grüne Edelsteine.[7] Hildegard von Bingen glaubte, Engel glühten wie eine rote Flamme oder leuchteten wie ein weißer Stern am Himmel.[8] Jakob Böhme, der große Mystiker des 17. Jahrhunderts, dachte, Engel kämen in allen Farben „der Blumen auf den Wiesen“.[9] Sein Zeitgenosse, der englische Mystiker Thomas Traherne, schrieb, Engel seien wie glitzernde und funkelnde Edelsteine.[10] Emanuel Swedenborg hatte den Eindruck, die bedeutenderen Engel seien flammenfarben, die anderen rot, grün und blau.[11] Charles Baudelaire, der französische Dichter des 19.

---

6 S. G. F. Brandon, *Religion in Ancient History*, George Allen and Unwin, London 1973

7 Der Autor zitiert aus einer engl. Werkausgabe des Dionysios Areopagita oder Pseudo-Dionysios. Im Buchhandel ist keine deutsche Ausgabe mehr erhältlich. Es existierte: *Über die himml. Hierarchie; Über die kirchl. Hierarchie; Über die Namen Gottes; Über die myst. Theol.; 10 Briefe. - S. Dionysii Areopagitae opera omnia*, hrsg. v. Balthasar Corderius (Cordier), 2 Bde., Antwerpen 1634.; antiquarisch u.a. noch erhältlich: *Die Hierarchien der Engel und der Kirche*, O. W. Barth, Weilheim 1955.

8 Der Autor zitiert aus einer engl. Übersetzung; auf Deutsch: Hildegard von Bingen, *Das Buch vom Wirken Gottes*, Pattloch, München 1998.

9 Jakob Böhme, *Aurora oder Morgenröte im Aufgang*, Insel, Frankfurt 1992.

10 Thomas Traherne, *Centuries of Meditations*, McInnes and Company, Edinburgh 1889. Auf Deutsch erhältlich: Gerhard Döring, Ernst Lehrs, *Verlorenes Paradies. Die Visionen des Thomas Traherne*, Urachhaus, Stuttgart 1996.

11 Der Autor zitiert aus einer englischen Übersetzung; auf Deutsch antiquarisch erhältlich: Vom *Himmel und von den wunderbaren Dingen desselben; wie auch von der Geisterwelt und von dem Zustand des Menschen nach dem Tod; und von der Hölle*. Aus der lateinischen Urschrift getreulich übersetzt.

Jahrhunderts, kleidete seine Engel in goldene, violette und hyazinthfarbene Roben.[12]

Zum ersten Mal wurde den Engeln vor etwa dreieinhalbtausend Jahren zur Zeit des persischen Propheten Zarathustra die Aufgabe zugeschrieben, Gott zu dienen. Zarathustra hielt Engel und Dämonen für gegnerische Kräfte und entwickelte auch die Vorstellung von Himmel und Hölle, die alles spätere religiöse Denken so grundlegend beeinflusste.

Der babylonische Prophet Mani, der Begründer des Manichäismus, dachte, gute Menschen begegneten nach dem Tod ihrem persönlichen Engel und würden von ihm in die nächste Welt geführt. Dieser Engel galt als das vollkommene Selbst des betreffenden Menschen und war eng mit den guten Werken verbunden, die dieser Mensch in seinem Leben vollbracht hatte. Dieses Ideal, das vollkommene Selbst, konnte man nur nach dem Tode sehen, sobald der physische Körper abgelegt war. So überrascht es nicht, dass Mani den persönlichen Engel als *al-Taum*, den „Zwilling", bezeichnete.[13]

Im Jahr 325 erkannte das Erste Ökumenische Konzil die Existenz der Engel an, wenngleich dies zwanzig Jahre später widerrufen wurde, als das Zweite Konzil befand, der Glaube an Engel verhindere, dass die Menschen Christus anbeteten. Erst 787 löste die Siebte Ökumenische Synode den Streit mit der Feststellung, die christliche Kirche glaube, dass Engel als Mittler zwischen den Menschen und Gott geschaffen seien.

Diese Synode bestätigte auch die Engel-Hierarchie, die Dionysios Areopagita bereits dreihundert Jahre zuvor aufgestellt hatte. Dionysios Areopagita war ein Pseudonym, weshalb der Mann dahinter

---

12 Charles Baudelaire, *Orgueil* in *Les Fleurs du Mal*, auf Deutsch in einer vollständigen Deutsch-Französischen Ausgabe bei dtv erschienen.

13 Andrew Welburn, *Mani, the Angel and the Column of Glory: An Anthology of Manichaen Texts*, Floris Books, Edinburgh 1998; auf Deutsch noch antiquarisch erhältlich: Muhammad Ibn-Ishaq Ibn-an-Nadim, Gustav Flügel, *Mani, seine Lehre und seine Schriften*, Biblio-Verlag 1969.

häufig als Pseudo-Dionysios bezeichnet wird. Der echte Dionysios Areopagita wird in der Bibel kurz erwähnt (Apostelgeschichte 17, 34); und obgleich er ursprünglich als der Autor galt, wurden die Schriften des Dionysios Areopagita in Wahrheit im fünften oder sechsten Jahrhundert n. Chr. von einem griechischen Schriftsteller verfasst. Dionysios Areopagita erfand das Wort „Hierarchie" zur Beschreibung der verschiedenen Engelstufen.[14] Dionysios ordnete alle Engel neun Chören zu, die sich in drei Triaden aufteilten. Die erste Triade besteht aus den *Seraphim*, den *Cherubim* und den *Thronen.* Dies sind die Engel, die Gott am nächsten stehen. Die zweite Triade umfasst die *Herrschaften*, *Tugenden* und *Mächte.* Die dritte beinhaltet die *Fürstentümer*, *Erzengel* und *Engel.*

Die deutsche Mystikerin und Äbtissin Hildegard von Bingen (1098-1179) schrieb umfassend über ein breites Spektrum religiöser Themen, auch über Engel. In der Hierarchie der Engel stimmte sie mit Dionysios überein, glaubte aber, dass sie in konzentrischen Kreisen angeordnet seien, wodurch jede Triade oder Gruppe mit den anderen Triaden in Beziehung treten könne. Hildegard glaubte an Schutzengel, war aber der Auffassung, dass sie nur Menschen helfen, die Gott fürchten und lieben.[15]

Zur Zeit von Königin Elisabeth I. behauptete der berühmte Astrologe und Okkultist John Dee (1527-1608), mit der Engelwelt kommuniziert zu haben und transkribierte die geheime Sprache der Engel. Teile dieser „henochischen Sprache" übernahm Ende des 19. Jahrhunderts der hermetische Orden „Golden Dawn", und sie wird bis heute in der zeremoniellen Magie angewandt. Eleganz und Schönheit sowie die perfekte Syntax und Grammatik der henochischen Sprache lassen keinen Zweifel daran aufkommen, dass es sich dabei um eine echte spirituelle Kommunikation handelt.

14 Paul Rorem im Vorwort zu *Pseudo-Dionysios: The Complete Works*, Paulist Press, Mahwah 1987; siehe Fußnote 7.

15 Hildegard von Bingen, *Scivias III, 1.*

Sie ist wahrscheinlich das herausragendste Beispiel dieser Art von Kommunikation, die je von der anderen Seite empfangen wurde.[16]

Die berühmteste Persönlichkeit in der Geschichte der Angelologie war der schwedische Wissenschaftler Emanuel Swedenborg (1689-1772), der ausführlich über das Thema schrieb. Wegen seines wissenschaftlichen Ansehens nahm man Swedenborg ernst, als er behauptete, er habe den Himmel besucht und mit den Engeln kommuniziert. Er glaubte, die Engel seien für die meisten Menschen unsichtbar, weil sie die Sonnenstrahlen nicht reflektierten. Man könne aber lernen, sie zu sehen, wenn man seine Intuition entwickele. Swedenborgs Schriften hatten bedeutenden Einfluss auf die Werke von William Blake und Rudolf Steiner.

William Blake (1757-1827) war ein visionärer Dichter und Maler und nahm viele Ideen Swedenborgs in sein Werk auf. Ihm gefiel Swedenborgs Konzept, wonach wir bereits jetzt im Himmel und von Engeln umgeben, uns dessen jedoch nicht bewusst sind. Er empfand Swedenborgs Konzentration auf die Güte der Engel jedoch als unrealistisch, da sie die Vorstellung vom Bösen vernachlässigte. Für ihn waren Himmel und Hölle notwendig, denn sie ergänzten einander.

Rudolf Steiner (1861-1925), der Philosoph und Gründer der Anthroposophischen Gesellschaft, begann im Alter von acht Jahren hellsichtig mit dem Engelreich zu kommunizieren und schrieb schließlich mehrere Bücher über das Thema. Er glaubte, dass wir alle von einem Schutzengel behütet werden, der sich in der Kindheit am deutlichsten zeigt, aber im Erwachsenenalter einen Schritt zurücktritt, damit wir uns als Individuen entwickeln können. Doch können wir sie auch dann noch stets anrufen, wenn wir dies wünschen. Er unterteilte das Engelreich in drei Gruppen: Engel,

16 Mehr über John Dee: Karl Kiesewetter, Michael Kuper, *John Dee und der Engel vom westlichen Fenster*, Zerling 1993 (Biographie), Gustav Meyrink, *Der Engel vom westlichen Fenster*, BoD GmbH 2003; Ralf Löffler, *Henoch – die Magie des John Dee*, Phänomen Lüchow 2002, ders. *Henoch, Iiadnah Mad*, Kerksken-Canbaz 2004.

Erzengel und Archai. Die Engel werden vom Element Wasser beherrscht und kümmern sich um den einzelnen Menschen. Die Erzengel werden vom Feuer beherrscht und arbeiten hauptsächlich mit Menschengruppen oder Rassen. Die Archai oder universellen Geister überblicken die gesamte menschliche Rasse. Rudolf Steiner glaubte, dass Michael, um den es in diesem Buch geht, auf die Stufe der Archai erhoben worden sei, damit er der Menschheit als ganzer helfen könne.[17]

Zwischen der Zeit Swedenborgs und Steiners ereignete sich in den Vereinigten Staaten eine historisch bedeutsame Begegnung mit einem Engel. Am 21. September 1823 erschien einem jungen Mann namens Joseph Smith ein Engel, der sich Moroni nannte. Moroni sagte ihm, er solle sich auf einen Hügel im Bundesstaat New York begeben. Dort werde er mehrere goldene Tafeln finden, die das „Buch Mormon" enthielten. Moroni war hartnäckig und erschien Joseph Smith an diesem Abend drei Mal und ein weiteres Mal am nächsten Tag. Joseph Smith fand die Tafeln, konnte sie aber nicht heben. Noch einmal erschien Moroni und sagte ihm, die Zeit, dass er sie aus dem Hebräischen ins Englische übersetze, sei noch nicht gekommen. Er werde erst in vier Jahren damit beginnen können. Joseph wartete geduldig, und als er die Platten übersetzt hatte, kehrte Moroni zurück und nahm sie mit in den Himmel. Doch Joseph Smith hatte alles erfahren, was er wissen musste, um die „Kirche von Jesus Christus und der Heiligen der Letzten Tage" zu gründen. So erscheint es nur passend, dass den Tempel der Mormonen in Salt Lake City, im Bundesstaat Utah, eine große Moroni-Statue krönt.

Im Laufe der letzten zwanzig Jahre wuchs das Interesse an den Engeln ständig an. 1976, als Billy Grahams Buch *Engel – Gottes*

17 James H. Hindes, *The Hierarchies*, Artikel in *Angels and Mortals: Their Co-Creative Power*, zusammengestellt von Maria Parisen, Quest Books, Wheaton 1990. Auf Deutsch über Steiners Engeltheorien: Rudolf Steiner, *Themen aus dem Gesamtwerk*, Nr. 17, *Vom Wirken der Engel*, Verlag Freies Geistesleben, Stuttgart 2001.

Geheimagenten erschien, stand es fast allein in den Regalen.[18] Heute gibt es Hunderte von Büchern zum Thema, was das zusehends wachsende Interesse der Menschen zeigt.

Die Erzengel sind von allen Engeln die bekanntesten. Das überrascht nicht, kommt diese Bezeichnung doch vom Griechischen *archein*, was „an der Spitze stehen" oder „herrschen" bedeutet. Dennoch stufen Gelehrte, wie etwa Dionysios Areopagita, die Erzengel in der Rangfolge der Engel häufig recht weit unten ein. Dafür gibt es einen Grund. Als die wichtigsten Engel galten die, welche Gott am nächsten stehen, von den unwichtigsten hingegen glaubte man, dass sie den Menschen am nächsten stünden. Wenn Dionysios Areopagita Recht hat, wie ist es dann möglich, dass die Erzengel, die zweitletzten in der Hierarchie, „an der Spitze stehen" oder „herrschen" können? Die Erklärung lautet, dass wir unter bestimmten Umständen oder Bedingungen Engel oder Erzengel sehen können, unsere Augen aber unfähig sind, Engel der höheren Ränge wahrzunehmen.

Darüber hinaus galt Michael schon immer als der Führer der Heerscharen des Herrn, mit anderen Worten, als der wichtigste aller Engel. Da erscheint es seltsam, dass Pseudo-Dionysios ihn der zweitniedersten Engelgruppe zuordnet. Dieses Problem entstand, weil es ursprünglich nur zwei Gruppen gab – Engel und Erzengel. Im Laufe mehrerer Jahrhunderte stellten jedoch verschiedene Gelehrte unterschiedliche Ordnungen auf, bis schließlich eine ganze Reihe von Engel-Hierarchien entstanden war. Daher gehören die Erzengel, obwohl sie für den „Krieg im Himmel" zuständig blieben und nach wie vor die Armee gegen die Kräfte der Dunkelheit anführten, zur zweituntersten Gruppe des Dionysios.

Besser ergeht es den Erzengeln im Griechischen Testament des Levi, das Teil eines längeren Manuskripts, der sogenannten

18 Original: *Angels – God's Secret Agents*, Word Publishing, Dallas 1975; deutsch 1976 bei Hänssler.

„Testamente der Zwölf Patriarchen", ist. In Levis Bericht wohnen sowohl Gott als auch die Erzengel im höchsten Himmel.[19]

In der Offenbarung des Johannes (8, 2) lesen wir: „Und ich sah die sieben Engel, die vor Gott stehen ..." Diese gelten als Erzengel, und klassischerweise sind sie zu siebt. Im Judentum besteht der erste oder oberste Rang der Engel aus den Angesichtsengeln oder Erzengeln. Auch sie sind gewöhnlich zu viert oder zu siebt.[20] Das erste Buch Henoch zählt sie folgendermaßen auf: Raphael, Uriel, Michael, Gabriel, Saraqâêl (Sariel), Remiel und Raguel.[21] Das Dritte Buch Henoch stellt eine andere Liste auf: Michael, Gabriel, Satqiel, Sahaqiel, Baradiel, Baraqiel und Sidriel. Im Ersten Buch Henoch werden Michael, Raphael, Gabriel und Phanuel als die „Angesichtsengel" bezeichnet.[22] Bei weitem die bekannteste ist jedoch die Auflistung des Dionysios: Michael, Gabriel, Raphael, Uriel, Chamuel, Zadkiel und Jophiel. Im Buch Tobias 12, 15 sagt Raphael „Denn ich bin Raphael, einer von den sieben Engeln, die vor dem Herrn stehen." Im Islam sind nur vier Erzengel anerkannt:

---

19 R. H. Charles, Hrsg., *The Greek Versions of the Testaments of the Twelve Patriarchs*; herausgegeben auf der Grundlage von neun Manuskripten, einschließlich der Varianten in den armenischen und slawischen Versionen und einiger hebräischer Fragmente; Clarendon Press, Oxford 1908
Auf Deutsch noch antiquarisch erhältlich: Jürgen Becker, *Die Testamente der Zwölf Patriarchen*, Gütersloher Verlagshaus, 1980 und früher.

20 Helmer Ringgren u.a. *Die Religionen der Menschheit*, 36 Bde., Band 26, *Israelitische Religion.*

21 „Dies sind die Namen der heiligen Engel, welche wachen: Uriel ist einer der heiligen Engel, nämlich der über das Engel-Heer und den Tartarus gesetzte Engel. Raphael heißt ein zweiter der heiligen Engel, der über die Geister der Menschen gesetzt ist; Raguel heißt ein dritter der heiligen Engel, der Rache übt an der Welt der Lichter; Michael heißt ein vierter der heiligen Engel, der über den besten Teil der Menschen gesetzt ist, über das Volk Israel; Sariel heißt ein fünfter der heiligen Engel, der über die Geister, die gegen den Geist sündigen, gesetzt ist; Gabriel heißt ein sechster der heiligen Engel, der über das Paradies, die Schlangen und die Cherube gesetzt ist." Aus: http://re-ligio.gmxhome.de. In keiner deutschen Version wird der siebte Erzengel erwähnt, wohl aber in der vom Autor zitierten englischen Fassung: „Remiel, einer der heiligen Engel, den Gott über die gestellt hat, die aufsteigen." – *The Book of Enoch*, I, XX, übersetzt von R. H. Charles, *The Book of Enoch*, Society for Promoting Christian Knowledge, London 1921.

22 *Das Buch Henoch*, Kap.40.

Michael, Gabriel, Israfel und Azrael. Michael und Gabriel werden beide im Koran namentlich erwähnt. Im Islam lenkt Michael die Kräfte der Natur; Gabriel bringt Botschaften von Allah zu Mohammed, Azrael ist der Todesengel und Israfel wird die Posaune zum Jüngsten Gericht blasen.

Heute akzeptiert die christliche Kirche nur Michael, Gabriel und Raphael. Uriel wurde ausgeschlossen, weil er in der Bibel nicht erwähnt ist. Im Buch Henoch und anderen nicht-kanonischen Schriften ist er jedoch sehr wohl erwähnt. Interessant ist die Feststellung, dass Michael und Gabriel auf jeder Liste erscheinen. Die frühesten Erwähnungen von Erzengeln sind wahrscheinlich die persischen *Amesha Spentas*, wenngleich die babylonischen Astralgottheiten möglicherweise noch älter sind.[23] Die Tatsache jedoch, dass verschiedene Überlieferungen eine unterschiedliche Anzahl von Erzengeln anführen, deutet darauf hin, dass es wohl keine „direkten Entleihungen" gab.[24]

Die Aufgabe der Erzengel ist es, für die anderen Engel zu sorgen und der Menschheit zu helfen. Sie sind da, um uns zu helfen und antworten auf unseren Ruf, wann immer wir sie darum bitten. Wir können sie auch bitten, anderen zu helfen. Jeder Erzengel hat einen bestimmten Aufgabenbereich. Michael schützt uns und verleiht uns Mut. Raphael ist der Erzengel der Heilung und der Ganzheit. Gabriel schenkt Führung und die Gabe der Prophetie. Uriel verleiht uns Seelenfrieden und hilft uns, anderen zu dienen.

Sinn und Zweck dieses Buches ist es, Ihnen zu zeigen, wie Sie Ihr Leben verbessern können, indem Sie den Erzengel Michael,

---

23 Die *Amesha Spentas* sind die sechs *Unsterblichen Heiligen* im Zoroastrismus. Sie sind göttliche Wesen oder Erzengel, geschaffen von Ahura Mazda, dem Weisen Herrn, damit sie ihm helfen, sich um die gesamte Schöpfung zu kümmern. Drei sind männlich, drei weiblich. Einige Berichte sprechen auch von sieben *Amesha Spentas*, da auch Ahura Mazda zuweilen als Erzengel angesehen wird (Geoffrey Parrinder, *Worship in the World's Religions*, Faber and Faber, London 1966).

24 Helmer Ringgren u.a., *Israelitische Religion*.

den ältesten und größten Erzengel, um Unterstützung und Hilfe anrufen, wann immer Sie ihn benötigen. Es will Ihnen auch helfen, den „Michael“ in Ihrem Inneren zu finden.

1

WER IST MICHAEL?

Heiliger Erzengel Michael,
verteidige uns im Kampfe
gegen die Bosheit und die Nachstellungen
des Teufels!
Sei unsere Schutzwehr;
ihm befehle Gott, so bitten wir flehentlich;
Du aber, Fürst der himmlischen Heerscharen,
schleudere den Satan
und die anderen bösen Geister;
die zum Verderben der Seelen
in der Welt umherschleichen,
mit göttlicher Kraft hinab in den Abgrund.
Amen.

Papst Leo XIII.

Zuerst sollten wir herausfinden, wer Michael ist. Schließlich gilt er im christlichen, jüdischen und islamischen Glauben als der größte aller Engel. In allen drei Religionen arbeitet Michael ohne Unterlass daran, eine Welt des Friedens und der Harmonie zu errichten. Er ist Patron und Beschützer all derer, die Gott in ihr Leben aufnehmen möchten. Michael ist der einzige Erzengel, der in den religiösen Schriften des Judentums, des Islam und in der Bibel namentlich erwähnt wird.

Der Name „Michael“ wurde auf vielerlei Weise interpretiert. Er kann bedeuten: „Der wie Gott ist“, „Wer ist wie Gott?“ „Der Gott gleich ist“ oder „Der dem Herrn lieb ist“. Alle diese Namen zeigen Michaels hohe Bedeutung. Die Bibel nennt ihn einen „der Ersten und den Engelfürsten“ (Daniel 10, 13) und „der große Engelfürst“ (Daniel 12, 1).

Michael wird im Allgemeinen mit einem Schwert dargestellt, zuweilen aber auch mit der Waage der Gerechtigkeit oder einer blauen Schutzflamme. Oft umgibt die blaue Flamme das Schwert. Auf Gemälden der Renaissance trägt er eine Rüstung. Diese Symbole liefern die Schlüsselwörter für Michael – Mut und Stärke, Wahrheit und Aufrichtigkeit sowie Schutz. Er schenkt auch Mitgefühl, Geduld, Motivation und Ehrgeiz. Wir können ihn immer anrufen, wenn wir auf diesen Gebieten Hilfe benötigen.

Unter verschiedenen Namen hat Michael der Menschheit von Anbeginn an geholfen. Der indische Rig Veda kennt ihn als Indra, das persische Denkard als Vahman, das babylonische Schöpfungsepos als Marduk, und in Homers Hymne an Apollo ist er der Apollo. Er wurde auch mit dem uralten ägyptischen Gott Anubis gleichgesetzt, der „die Seelen wägt“.

Michael gilt seit chaldäischer Zeit als bedeutend. Man nimmt an, dass Michael im alten Chaldäa zunächst für einen Schutzgeist oder sogar für einen Gott gehalten wurde. Der Glaube der Chaldäer an die Bedeutung der Engel und ihr Bedürfnis nach einer Galionsfigur im ständigen Kampf zwischen den Mächten des Guten und des Bösen prägte das Profil des Michael.

Michael war die erste Wahl. Luzifer hatte sich geweigert, sich vor Gott zu verneigen und ihn anzubeten, daraufhin wurde Michael damit beauftragt, ihn und seine Anhänger aus dem Himmel zu werfen. Der Kampf gegen den Drachen und Luzifer ist beschrieben in der Offenbarung des Johannes, Kapitel 12, Verse 7-17. Eine alte Legende berichtet, Michael habe die gefallenen Engel mitten in der

Luft bis zum Jüngsten Tag in Ketten gelegt. Das ist eine sehr passende Bestrafung, denn so können sie den Himmel über sich und die Erde unter sich sehen. Ständig sehen sie die Seelen der Menschen zum Himmel aufsteigen, den sie verloren haben.

Gott belohnte Michael, indem er ihm erlaubte, die unsterblichen Seelen zu empfangen, wenn sie in den Himmel kommen. Er wägt sie, um ihre guten und schlechten Taten gegeneinander aufzuwiegen (Psalm 62, 9; Daniel 5, 27). Diejenigen, die mehr gute als schlechte Taten vorzuweisen haben, werden vor Gott geführt, die anderen ins Fegefeuer geschickt. Außerdem wird Michael am Tag des Jüngsten Gerichts in die Posaune stoßen und das Banner führen.

MICHAEL IN DER CHRISTLICHEN TRADITION

Den Gnostikern zufolge war Michael bei der Erschaffung des Universums zugegen. Die Gnostiker glauben, dass das Universum von den sieben Erzengeln erschaffen wurde, die im Rang unmittelbar auf Gott folgen. Als die Welt danach geteilt wurde, erhielt Michael die Zuständigkeit für Gottes auserwähltes Volk, die Israeliten (Daniel 10, 21; 12, 1). Mit der Zeit wurde Michael natürlich auch zum Fürsten der Christenheit.

Zumindest einem Bericht zufolge war Michael auch an der Erschaffung der Menschheit beteiligt. Das apokryphe Evangelium des Bartholomäus erzählt, dass Gott den Menschen aus Ton schuf, den Michael von den vier Enden der Erde herbeigeschafft hatte.

In den Schriftrollen vom Toten Meer wird er als der Fürst des Lichtes bezeichnet, als der Krieger gegen die Dunkelheit. Seit er die Streitmacht Satans geschlagen hat, führt Michael den Kampf gegen das Böse. Er gilt allgemein als der himmlische Krieger, der unermüdlich gegen die Kräfte des Bösen kämpft. Deshalb war er im Mittelalter der Schutzheilige der Ritter.

In der griechischen Apokalypse des Baruch wohnt Michael im vierten Himmel. Im vierten Himmel, so wird berichtet, gibt es eine große, wunderschöne Ebene um einen herrlichen See. Einer anderen Schrift (der Apokalypse des Paulus) zufolge wäscht Michael die Sünder nach dem Tod in den weißen Wassern des Acherusischen Sees.[25] Dort leben viele verschiedene Vogelarten, die man auf der Erde nicht findet. In Wahrheit sind es gar keine Vögel, sondern Seelen, die Gott beständig loben und preisen.

Baruch berichtet, Michael sei der Torhüter zum Himmelreich, und keiner könne vom vierten zum fünften Himmel gelangen, bevor Michael ihm nicht das Tor geöffnet habe. Außerdem trage Michael eine riesige Schale mit Blüten, die für die Gebete der Engel stünden und die Michael zu Gott bringe (Baruch 11, 4). Von Gott kehre Michael mit Öl zurück, das er den Engeln gebe. Die Menge, die sie erhielten, richte sich nach Qualität und Quantität ihrer Gebete (Baruch 15, 2-4).

Baruch stand vor dem Tor zum fünften Himmel, wurde aber nicht hinein gebeten. Daher glaubte er, dass niemand ohne Michael als Mittler mit Gott sprechen könne. Doch obgleich er nicht selbst in den fünften Himmel gelangen konnte, betrachtete er seinen Besuch als Erfolg, hatte er dabei doch erfahren, dass Gott die Gebete der Menschen beachtet und den Rechtschaffenen gestattet, in den Himmel zu kommen.[26]

Das Evangelium des Nikodemus beschreibt Christi Abstieg in die Hölle und die erste Auferstehung der Gerechten. Menschen, die zuvor nicht getauft worden waren, darunter auch die beiden Erzähler, werden von Michael in den Fluss Jordan getaucht und

25 George W. MacRae und William R. Murdock (Übers.), *The Apocalypse of Paul*. In: *The Nag Hamadi Library in English*, hrsg. von James M. Robinson, Harper & Row Inc., San Francisco 1988. Die Apokalypse des Paulus wurde wahrscheinlich kurz vor 400 n. Chr. auf griechisch verfasst und ist das größte und wahrscheinlich einflussreichste der vielen apokalyptischen Werke, die zu jener Zeit erschienen.

26 Die griechische Baruch-Apokalypse ist auf deutsch erschienen in: Wolfgang Hage, *Die griechische Baruch-Apokalypse*, Gütersloher Verlagshaus 1974.

können dann das Passahfest der Auferstehung feiern, worauf die ewige Glückseligkeit im Himmel folgt.[27]

Interessant ist, dass Michael, obwohl er nie Mensch war, von der katholischen Kirche heilig gesprochen und so zu St. Michael wurde. Dieses außergewöhnliche Vorgehen sollte Michael der Menschheit näher bringen als die anderen Engel. Menschen wurde Heilige, weil sie wegen ihres Glaubens große Leiden und Entbehrungen, ja sogar den Märtyrertod auf sich genommen oder außergewöhnliche Frömmigkeit und Heiligkeit bewiesen hatten. Natürlich mussten sie auch andere geheilt oder Wunder vollbracht haben. Deshalb waren vielen Menschen die Heiligen näher als die Engel. Infolgedessen erachtete man eine gewisse Zeit lang Heilige für bedeutender als Engel. Deshalb ehrte die katholische Kirche Michael, indem sie ihn zu St. Michael machte, und noch heute gilt er als der mächtigste aller Heiligen.

Im apokryphen Buch „Adam und Eva“ hatte Michael auch nach ihrer Vertreibung aus dem Garten Eden ein wachsames Auge auf das Paar. Er lehrte Adam den Ackerbau und nahm ihn sogar in einem Feuerwagen auf eine Rundreise in den Himmel mit. Als Adam starb, brachte Michael Gott dazu, Adams Seele wieder in den Himmel aufzunehmen und sie von ihren Sünden zu reinigen.[28]

Der Überlieferung nach war es Michael, der Sarah, der Frau Abrahams, sagte, sie werde einen Sohn gebären. Michael, Gabriel und Raphael waren im Auftrag Gottes unterwegs und hatten vorübergehend menschliche Gestalt angenommen. Michaels Aufgabe war es, Sarah die frohe Kunde von ihrer bevorstehenden Schwangerschaft zu überbringen, Raphael sollte Abraham nach seiner Beschneidung heilen, und Gabriel hatte den Auftrag, Sodom und Gomorrha zu zerstören. Im biblischen Bericht über diese Begegnung werden die Engel nicht mit Namen genannt (1. Mose 18, 2-33).

---

27 Brian E. Daley, *The Hope of the Early Church: A Handbook of Patristic Eschatology*, Cambridge University Press 1991).

28 Matthew Bunson, *Angels A to Z*, Crown Publishers, New York 1996

Michael wird auch das Verdienst zugesprochen, Abraham daran gehindert zu haben, seinen Sohn Isaak zu opfern (1. Mose 22, 10). Das war eine Glaubensprüfung für Abraham, und es muss eine enorme Erleichterung für ihn gewesen sein, als er Michael sagen hörte: „Lege deine Hand nicht an den Knaben und tue ihm nichts; denn nun weiß ich, dass du Gott fürchtest und hast deinen einzigen Sohn nicht verschont um meinetwillen." (1. Mose 22, 12)

Im *Testament des Abraham* nimmt Michael Abraham mit auf eine Reise durch die bewohnte Welt. Als Michael ihm sagt, er werde bald sterben, bittet Abraham Gott um diese Reise, damit er all die wunderbaren Dinge sehen kann, die Gott geschaffen hat. Er sagt Gott, er werde ohne Reue oder Kummer sterben, wenn er diese Wunder gesehen habe. Nach Abschluss der Reise kehrt er nach Hause zurück und bereitet sich aufs Sterben vor.[29] So überrascht es nicht, dass Michael nach diesem Erlebnis zu dem Engel wurde, der die Seelen der Gestorbenen in die nächste Welt führte.

Wie wir gesehen haben, wird Michael in den apokryphen Schriften häufig erwähnt. Auch die kanonische Bibel nennt ihn vier Mal namentlich: Daniel 10, Daniel 12, Judas 9 und Offenbarung 12.

Michael war der Engel, der Daniel aus der Löwengrube befreite (Daniel 6, 22). Der zweite Teil des Buches Daniel beschreibt seine zahlreiche Visionen, darunter die eines mächtigen Engels (Daniel 10, 5-21). In Vers 13 dieses Kapitels wird er als „Michael, einer der Ersten unter den Engelfürsten" bezeichnet. In Daniel 12, 1 schreibt Daniel: „Zu jener Zeit wird Michael, der große Engelfürst, der für dein Volk eintritt, sich aufmachen."

---

29 *Das Testament des Abraham* ist in mehreren englischen und französischen Ausgaben, jedoch nicht auf Deutsch erhältlich. Der Autor verwendete folgende Ausgabe: *The Testament of Abraham: The Greek Recensions*, hrsg. von Michael Szone, Society of Biblical Literature, Missoula 1972. Es gibt zwei verschiedene Versionen des *Testament des Abraham*, die sogenannten Versionen A und B. Version A ist die längere der beiden, darin reist Abraham in einem Cherubim-Wagen. In Version B ist eine Wolke sein Reisegefährt.

Man glaubte, Michael sei für die ägyptischen Plagen verantwortlich gewesen und habe dann die Israeliten in die Freiheit geführt. Die Juden und auch einige christliche Kirchenväter nahmen an, dass es Michael war und nicht Gott, der zu Moses aus dem brennenden Dornbusch sprach und der ihm die Zehn Gebote auf dem Berg Sinai übergab.[30] Michael stritt sich mit Luzifer um den Leichnam des Moses (Judas, Vers 9).

Auch weitere Bibelstellen scheinen sich auf Michael zu beziehen. So war es zum Beispiel Michael, der dem Josua erschien und sich als „der Fürst über das Heer des Herrn" bezeichnete (Josua 5, 13-15). Michael erschien auch Gideon und gab ihm den Mut, gegen seine Feinde zu kämpfen (Richter 6, 11-18).

Der Legende nach war Michael der Schutzengel von Jesus und der Jungfrau Maria und damit betraut, sie zu behüten, solange sie auf Erden weilten.[31] Weiter berichtet die Legende, dass Jesus Michael bat, seine Mutter über ihren nahenden Tod zu benachrichtigen und sich während ihres Übergangs um ihre Seele zu kümmern.

Deshalb gilt Michael häufig als der christliche Todesengel. Wenn jemand stirbt, erscheint Michael und gibt der Seele die Möglichkeit, sich von ihren Sünden loszusagen, womit er Satan und seine Helfer frustriert.

Paulus hieß Engel anscheinend nicht für gut und wies die Kolosser an, sie nicht zu verehren (Kolosser 2, 18). Dies bezieht sich wahrscheinlich auf eine Erscheinung Michaels in Kolossai in Phrygien, wodurch die Menschen ihn ganz besonders verehrten. Die frühe Kirche betrachtete die Verehrung von Engeln als Häresie. Aber sie war dabei nicht ganz konsequent. So weihte Kaiser Konstantin zum Beispiel dem Erzengel Michael eine Kirche in Konstantinopel, und daraufhin sollen dort viele Wunder geschehen sein. Zu jener

30 Nathaniel Lardner, *History of the Early Heretics*, London 1780. Nathaniel Lardner (1684-1768) starb vor Vollendung des Buches, weshalb es von John Hogg fertiggestellt wurde.

31 Anna Jameson, *Legends of the Madonna,* Houghton, Mifflin & Co., Boston 1895

Zeit war Michael vor allem für seine Heilkraft berühmt, und viele Heilwasserquellen wurden nach ihm benannt. Michael soll Kaiser Konstantin in Sosthenion, knapp achtzig Kilometer südlich von Konstantinopel, erschienen sein, woraufhin viele Kranke in der Kirche nächtigten in der Hoffnung, Michael zu sehen.

Drei bedeutende Visionen von Michael festigten seine Popularität im Westen. Die erste ereignete sich im Jahr 492 n. Chr. in Süditalien. Ein wohlhabender Mann mit Namen Gargano (auch Galgano) besaß viele Rinder und Schafe, die an einem Berghang weideten. Eines Tages riss ein Stier aus, und Gargano wies seine Männer an, ihn zu suchen. Der Stier wurde vor einem Höhleneingang am Gipfel des Berges gefunden. Gargano war in dem Augenblick sehr wütend, und seine Kraft war durch die Suche nach dem Stier erschöpft, deshalb befahl er einem seiner Diener, ihn zu töten. Der Diener schoss einen Pfeil auf den Stier ab. Wie durch ein Wunder jedoch kehrte der Pfeil mitten in der Luft um, traf direkt ins Herz des Mannes, der ihn abgeschossen hatte und tötete ihn auf der Stelle.

Gargano und seine Diener waren verzweifelt darüber und baten einen örtlichen Bischof um Rat. Der Bischof fastete und betete drei Tage lang. Am Ende dieses Zeitraums erschien ihm Michael in einer Vision. In der Vision stieg Michael an der Stelle, an der der Stier gefunden worden war, zur Erde herab und sagte dem Bischof, der Mann sei getötet worden, weil diese Stelle dem Michael heilig sei und er wolle, dass dort ihm zu Ehren eine Kirche errichtet werde.

Als der Bischof Gargano und seine Gefolgsleute zur Höhle führte, fanden sie darinnen drei Altäre, von denen einer mit einem prächtig bestickten Altartuch in Purpur und Gold bedeckt war. Aus einem Felsen entsprang ein Strahl reinen Wassers, und man entdeckte, dass es heilende Eigenschaften hatte.

Natürlich wurde an der Stelle eine Kirche errichtet, und sie wurde ein beliebter Pilgerort, weil viele Menschen sehen wollten, wohin Michael seinen Fuß gesetzt hatte. Diese Höhle wird die *Himmlische*

Basilika genannt. Auch heute besuchen Pilger den Ort und bewundern die Kunstwerke und die schöne Marmorstatue des Michael von Sansovino. Michael ist als der siegreiche Bezwinger eines schrecklichen Ungeheuers dargestellt.[32]

Der Michaels-Kult gewann im vierten Jahrhundert zunehmend an Popularität, und Michaels Erscheinen am Monte Gargano, im Jahr 492, trug wesentlich zu seinem Ruf als der Kämpfer Gottes bei. Vom vierten Jahrhundert an wurde er der Engel, zu dem man in Krisenzeiten und ganz besonders im Augenblick des Todes betete.

Ein koptisches Manuskript aus dem vierten Jahrhundert berichtet von Michael, der neben einem sterbenden Mann steht. Nach seinem Tod kümmern sich Michael und Gabriel um seine Seele.[33]

Der Legende nach unternahm Kaiser Heinrich II. (973-1024), der letzte Liudolfinger, zwei Jahre vor seinem Tod eine Pilgerreise zur Himmlischen Basilika und ließ sich über Nacht in der Grotte einschließen. Michael und eine Gruppe von Engeln erschienen und vollzogen für ihn eine himmlische Liturgie. Heinrich II. wurde von Papst Benedikt VIII. im Jahre 1014 zum Heiligen Römischen Kaiser gekrönt und wegen seiner priesterlichen Amtsführung als König weithin *der Heilige* genannt.

Sogar noch bemerkenswerter war eine zweite Vision. Sie ereignete sich ein Jahrhundert später in Rom. Zu jener Zeit wütete die Pest in der Stadt. In dem Versuch, sie zu beenden, wies Gregor, der später Papst werden sollte, die Bewohner an, in einer Prozession durch die Straßen der Stadt zu ziehen. Gregor selbst führte die Prozession an. Drei Tage lang zog die Prozession durch die Straßen Roms, bis sie schließlich das Grab Hadrians erreichte. Gregor sah Michael in vollem Glanz an der Spitze des Monuments stehen; beiläufig schob er sein Schwert, das von Blut troff, in die Scheide.

---

32 David Gittings, *Spiritual Pilgrimage*, New Editions, Hereford

33 S. G. F. Brandon, *Religion in Ancient History*, George Allen & Unwin, London 1973

Da wusste Gregor sofort, dass die Pest vorüber war und ließ an der Stelle eine Kirche bauen, die er dem Michael weihte. In jüngerer Zeit ließ Papst Benedikt XIV. zum Gedenken an diese wunderbare Heimsuchung eine große Bronzestatue von Michael auf Hadrians Grab errichten.

Die dritte Vision betraf Aubert, Bischof von Avranches, und ereignete sich 706 n. Chr. Unmittelbar vor der normannischen Küste liegt ein großer Felsen, der bei Flut zur Insel wird. Aufgrund seiner isolierten Lage und Unzugänglichkeit nutzte man ihn als Festung und Gefängnis. Eines nachts hatte Aubert eine Vision, in der Michael zu ihm kam und ihn den höchsten Punkt dieses Felsens besuchen hieß. Er sagte Aubert, er werde dort einen Stier vorfinden, und er solle eine Kirche errichten, die das gesamte Gebiet einnähme, das der Stier mit seinen Hufen niedergetrampelt habe. Außerdem würde er auf eine Heilquelle stoßen.

Aubert ignorierte die Vision, hielt er sie doch für einen gewöhnlichen Traum. Aber die Vision wiederholte sich noch zweimal, und schließlich berührte Michael die Stirn des Bischofs mit dem Daumen, was ihm für den Rest seines Lebens ein Mal hinterließ. Natürlich besuchte Aubert nach diesem Erlebnis die Stelle und errichtete dort eine kleine Kirche. Diese wurde später durch einen eindrucksvolleren Bau ersetzt, den Wilhelm der Eroberer vollendete.

Wenngleich Auberts Visionen nicht so beeindruckend waren wie die beiden früheren und tatsächlich fast als Kopie der ersten gesehen werden können, wurde Mont Saint Michel zu einer bedeutenden Pilgerstätte und Michael zum Schutzheiligen Frankreichs. Als Wilhelm der Eroberer in Britannien einmarschierte, weitete sich dies bis nach England aus. Heute gibt es nur noch wenige Orte, die keine dem Michael geweihte Kirche haben.

Zur Zeit der Kreuzzüge wurde der Michaels-Kult, die Verehrung des Kriegerengels, genutzt, um den Kreuzzügen einen christlichen Anschein zu geben und um – zuweilen mit Gewalt – die Völker in den nordischen Ländern zu bekehren. Nach und nach galten soziale Werte mehr als militärische, und die Marienverehrung gewann vorrangige Bedeutung vor der des Michael.[34]

Johanna von Orleans (zw. 1410 und 1412 – 1431) hörte Michael seit ihrem 14. Lebensjahr und sah ihn später auch. Er besuchte sie in Gestalt eines attraktiven jungen Mannes, umgeben von anderen Engeln. Beständig sprach er ihr Mut zu und schlug ihr sogar die Flagge vor, mit der sie ihre Truppen führen sollte. Er sagte ihr, sie solle dem Rat der Heiligen Katharina und der Heiligen Margarete folgen und ermutigte sie, Frankreich von der englischen Herrschaft zu befreien. Bei ihrer Vernehmung sagte sie ihren Richtern, Michael sei auf dem Boden gegangen, aber sie glaubten ihr nicht.[35]

Gegen Ende des 19. Jahrhunderts verlor Papst Leo XIII. (1810-1903) bei einer Besprechung mit seinen Kardinälen das Bewusstsein. Ärzte, die ihm zu Hilfe eilten, hielten ihn für tot, denn sie konnten keinerlei Puls mehr feststellen. Nur wenige Minuten später jedoch öffnete der alte Mann die Augen und berichtete den Kardinälen von einer erschreckenden Vision, die er gehabt hatte. Während seiner Bewusstlosigkeit hatte er das unglaubliche Treiben der bösen Geister gesehen, die gegen die Kirche arbeiteten. Zum Glück erschien Michael in seiner Vision und schickte Satan und seine Gehilfen zurück zur Hölle. Kurz danach schrieb Papst Leo sein berühmtes Gebet, das am Anfang dieses Kapitels steht, und verfügte, dass es am Ende jeder Messe zu lesen sei, um die Kirche zu schützen. Obwohl dies seit den 1960er Jahren nur noch freiwillig ist, finden viele Menschen immer noch Trost im Sprechen dieses Gebetes.

Zwischen 1961 und 1965 besuchte die Jungfrau Maria mehrere Male vier Kinder im Dorf Garabandal in Spanien. Bei ihrem ersten

---

34 David Keck, *Angels and Angelology in the Middle Ages*, Oxford University Press, New York 1998

35 Paola Giovetti, *Engel - Die unsichtbaren Helfer der Menschen*, Heyne 1993, Hugendubel 2002.

Besuch, im Oktober 1961, sagte Maria Conchita, einem der Kinder, dass es seinen Lebenswandel ändern, öfter in die Kirche gehen und Buße tun müsse. Vier Jahre später besuchte der Erzengel Michael die vier Kinder und wiederholte Marias Botschaft. Außerdem sagte er ihnen, dass sie, wenn sie aufrichtig beteten, stets erhielten, worum sie bäten.[36]

Die Zeugen Jehovas glauben, dass Jesus in Wirklichkeit Michael ist und führen ein Zitat aus dem ersten Brief an die Thessalonicher (4, 16) als Beleg an: „Denn er selbst, der Herr, wird, wenn der Befehl ertönt, wenn die Stimme des Erzengels und die Posaune Gottes erschallen, herabkommen vom Himmel." Da Michael der einzige Erzengel ist, der in der Bibel explizit als solcher bezeichnet wird (Judas 9), schließen die Zeugen Jehovas daraus, dass er es sei. Die Stelle besagt jedoch, dass die Stimme des Erzengels Christus bei seiner Wiederkunft begleiten wird. Deshalb bedeutet sie aber nicht zwingend, dass Jesus der Erzengel oder dieser bestimmte Erzengel Michael ist. Weitere Anhaltspunkte dafür finden sich in Hebräer 1, 6, wo es heißt: „Und es sollen ihn (Jesus) alle Engel Gottes anbeten." Das bedeutet, dass Michael Jesus anbetet, was, wenn sie dieselbe Person wären, nicht der Fall sein sollte.

MICHAEL IN DER JÜDISCHEN TRADITION

In der jüdischen Tradition gilt Michael als der Hüter der Schlüssel des Himmels und als Beschützer Israels. Im *Buch Bahir*, einer der ältesten Schriften der Kabbala, ist Michael der Engel der Liebe oder der Idee des Gebens ohne den Gedanken an eine Belohnung.[37]

Michael erschien Moses im brennenden Dornbusch (2. Mose 3, 2); und einer alten jüdischen Legende zufolge begrub Michael

---

36 Paola Giovetti, a.a.O.

37 Rabbi Nehuna ben haKana (zugeschrieben) *The Bahir*, übersetzt von Aryeh Kaplan, Samuel Weiser, York Beach 1979
Auf Deutsch noch antiquarisch erhältlich: Gerhard Scholem, *Das Buch Bahir*, Wissenschaftliche Buchgesellschaft 1970 und 1989.

zusammen mit Gabriel, Raphael, Uriel und Metatron den Moses, nachdem er mit Satan um dessen Leichnam gerungen hatte. Dies wird ebenfalls im Brief des Judas, Vers 9, erwähnt.

Michael kann zornig sein, wie die alte jüdische Geschichte über seine Auseinandersetzung mit Jakob zeigt. Eines Tages wollten Jakob und seine Bediensteten ihre Schafe und Kamele über eine Furt in einem Fluss führen. Da stießen sie auf einen anderen Hirten, der eben dabei war, dasselbe zu tun. Dieser Hirte schlug Jakob vor, sie sollten einander dabei helfen, die Herden über den Fluss zu treiben. Jakob war einverstanden, unter der Bedingung, dass seine Schafe und Kamele den Fluss als erste durchquerten. Der Hirte stimmte zu, und rasch war Jakobs Herde hinübergeführt. Dann begannen sie, die Herde des Fremden hinüberzuführen. Aber er schien eine endlose Zahl von Schafen zu haben. Wie viele sie auch über den Fluss führten, stets verblieb eine gleich große Anzahl Schafe auf der anderen Seite. Als sie bereits die ganze Nacht über hart gearbeitet hatten, verlor Jakob die Geduld und schimpfte den Fremden einen Zauberer. Der Hirte berührte den Boden, und ein Feuer entfachte sich daraus. Aber das beeindruckte Jakob nicht, und der Streit war schon fast zum Kampf ausgeartet, als Gott erschien. Der Hirte berührte die Innenseite von Jakobs Schenkel, und eine Wunde tat sich auf.

Gott blickte den Hirten missbilligend an. „Michael“, sprach er; denn der seltsame Hirte war in Wirklichkeit der Erzengel Michael. „Warum hast du meinen Priester Jakob verletzt?“

Michael erschrak zutiefst. „Aber ich bin dein Priester“, sagte er.

Gott erwiderte: „Du bist mein Priester im Himmel, aber Jakob ist mein Priester auf Erden.“

Michael wurde verlegen und fühlte sich gedemütigt. Augenblicklich rief er den Erzengel Raphael und bat ihn, Jakob zu heilen. Aber damit waren seine Schwierigkeiten noch nicht vorbei, denn Gott bestand darauf zu erfahren, warum er Jakob verletzt hatte. Michael sagte, er habe es getan, um Gott zu rühmen. Daraufhin machte Gott Michael zum Schutzengel Jakobs und seiner Nachfahren für alle Zeit.[38] Ein kurzer Bericht darüber findet sich in 1. Mose 32, 24-30.

Nach ihrer Gefangenschaft erkannten die Hebräer Michael, den Geist des Guten, als Schutzheiligen des hebräischen Volkes an. Die Verehrung, die das jüdische Volk Michael entgegenbringt, trug dazu bei, dass sich sein Einfluss zusammen mit der wachsenden christlichen Kirche ausbreiten konnte.

MICHAEL IN DER ISLAMISCHEN TRADITION

In der islamischen Tradition ist Mika'il (Michael) der Herrscher über die Kräfte der Natur und verfügt über eine Engelarmee zu seiner Unterstützung. Nur Gott weiß, wie viele Engel Michaels Kommando unterstellt sind, und sie helfen ihm, Regen, Schnee, Wind oder Wolken zu senden, wann immer sie dazu aufgefordert werden.

Michael hat eine Million Zungen, von denen jede eine Million Sprachen spricht. Er hat langes, safrangelbes Haar, das ihm bis zu den Füßen reicht. Jedes Haar enthält eine Million Gesichter und jedes Gesicht hat eine Million Augen, von denen jedes siebzigtausend Tränen weint. Mika'il lebt im siebten Himmel und hat herrliche Flügel aus grünem Topas. Mika'il nimmt seine Aufgabe sehr ernst und lacht nie. Es heißt auch, dass die Cherubim aus den Tränen geschaffen wurden, die Michael vergoss, als er an die Sünden der Gläubigen dachte.[39]

Gott schuf ein besonderes Haus im Paradies, in dem die Engel ihn fünfmal täglich zum Gottesdienst besuchen, der stets von Michael geleitet wird. Jeder Engel singt und lobpreist Gott in einer anderen

---

38 Louis Ginzberg, *The Legends of the Jews, Volume 1*, übersetzt von Henrietta Szold, The Jewish Publication Society of America, Philadelphia 1909.

39 James Redfield, Michael Murphy, Sylvia Timbers, *Gott und die Evolution des Universums*, Integral 2002, Ullstein 2005 (TB).

Sprache und bittet Gott, der Menschheit gnädig zu sein. Gott belohnt die Engel für ihre Hingabe und ihren Lobgesang, indem er Gnade und Vergebung gewährt.[40]

Und Michael kümmert sich um die Glockenbäume im Paradies. Das sind goldene Bäume, an denen silberne Glöckchen wachsen. Die Glöckchen erzeugen einen so schönen Ton, dass die Menschen auf Erden, könnten sie ihn hören, augenblicklich stürben, weil der Klang so intensiv ist. Jedes Glöckchen strahlt Licht aus, wodurch die Bewohner des Paradieses Dinge sehen können, die sie sich während ihres Erdenlebens nicht im Entferntesten vorzustellen vermochten.[41]

MICHAEL UND DER HEILIGE GEORG

Michael wird auch häufig mit zwei anderen Heiligen in Verbindung gebracht: Georg und Petrus. Man verbindet ihn mit Petrus, weil beide die Schlüssel zum Himmel tragen. Michael und Georg erschlugen beide Drachen, ein bekanntes Satanssymbol.

Tabori, ein arabischer Historiker des neunten Jahrhunderts, erzählt eine aufregende Geschichte, in der beide, Michael und der Heilige Georg, vorkommen. Sein Bericht spielt im Tal des Tigris und handelt davon, wie Michael den Heiligen Georg vor der Verfolgung durch Kaiser Diokletian rettet. Offensichtlich hatte der römische Kaiser den Heiligen Georg an eine Planke binden und mit Eisenkämmen die Haut abziehen lassen. Als er danach nicht tot war, wurde er in einen Kessel kochenden Wassers gelegt. Wieder überlebte der Heilige Georg unversehrt.

Daraufhin ließ Diokletian ihn an Händen und Füßen fesseln und eine Marmorsäule auf seinen Rücken stellen. Diese Säule war so schwer, dass zwanzig Männer anpacken mussten, um sie zu heben.

---

40 Shaykh Muhammad Hisham Kabbani, *Angels Unveiled: A Sufi Perspective*, KAZI Publications, Chicago 1995

41 Shaykh Muhammad Hisham Kabbani, a. a. O.

In der Nacht besuchte ein Engel den Heiligen Georg und entfernte die Säule. Nun ließ Diokletian den Heiligen Georg in zwei Hälften zerteilen und jede Hälfte noch einmal in sieben Stücke schneiden. Diese wurden den Löwen vorgeworfen. Aber die Löwen weigerten sich, sie zu fresen. Das erzürnte Diokletian auf Äußerste, und er ließ Georg in eine hohle Statue verfrachten, die drei Tage lang gebrannt wurde. Dieses Mal zerbrach Michael die Statue und rettete den Heiligen Georg.

Diokletian geriet zusehends außer sich vor Wut angesichts seiner erfolglosen Versuche, den Heiligen Georg dazu zu zwingen, seinen christlichen Glauben zu widerrufen. Doch trotz fortgesetzter Folter hielt der Heilige Georg entschlossen und unerschütterlich an seinem Glauben fest. Schließlich hatte Gott Erbarmen mit dem Heiligen Georg und nahm seine Seele in den Himmel auf.[42]

MUT UND KRAFT

1950 erklärte Papst Pius XII. Michael zum Schutzheiligen der Polizisten. Dies ist eine passende Ehrung für den Erzengel, der die Heerscharen des Sennacherib zerschlagen und die Streitmacht des Satan besiegt haben soll. In den Schriftrollen vom Toten Meer wird berichtet, er habe die Engel des Lichtes in einer Schlacht gegen die Engel der Finsternis unter der Leitung des Dämons Belial geführt.

Meine Bekannte Monica steckte in einer Beziehung fest, in der sie misshandelt wurde und konnte keinen Ausweg daraus finden. Die Grausamkeiten waren sowohl verbaler als auch physischer Art. Monica gab sich selbst die Schuld an den Schwierigkeiten in ihrer Beziehung und bewahrte Stillschweigen darüber, bis sie eines Tages mit einem blauen Auge zur Arbeit kam. Eine Freundin nahm ihr die Geschichte vom Zusammenprall mit einem Türpfosten nicht ab und

42 Stephen Herbert Langdon, *The Mythology of all Races. Volume V: Semitic*, Cooper Square Publishers, New York 1964

riet ihr in der Mittagspause, Michael um die nötige Kraft zu bitten, dass sie für sich eintreten und sich aus der Beziehung lösen könnte. Zum Glück blieb die Freundin hartnäckig, als Monica zwar sagte, das würde sie tun, aber dennoch nichts unternahm.

Schließlich verschlimmerte sich ihre Situation so sehr, dass Monica Michael um Hilfe bat. Daraufhin war sie endlich fähig, für sich selber einzutreten. Sehr zur Überraschung ihres Partners löste sie die Beziehung und zog in eine andere Stadt. Heute lebt sie in einer guten, stabilen Beziehung und kann es gar nicht mehr fassen, dass sie die frühere Beziehung so lange aufrechterhalten hat. Heute bittet sie Michael und die anderen Erzengel regelmäßig um Hilfe.

Michael gibt uns Mut, wann immer wir ihn brauchen; denn er hat unbegrenzte Vorräte davon. Offenbarung 12, 7-12 zeigt ihn als den Führer der Armee, die gegen Satan kämpfen und der Dunkelheit ein Ende setzen wird.

Wenn er uns Mut gibt, vernichtet Michael zugleich Negativität. Oft sind wir uns selbst der schlimmste Feind, und Michael löst die Negativität aus unserem Herzen und unserem Denken, wodurch wir neu planen und unserem Leben eine positive Wendung geben können.

WAHRHEIT UND AUFRICHTIGKEIT

Roger ist Verkäufer in einem Teppichgeschäft. Er übt seine Tätigkeit mit Michaels Hilfe aus. Es gab einmal eine Zeit, in der Roger alles tat, um einen Verkauf zustande zu bringen. Oft schwindelte er seine Kunden an, aber statt gute Aufträge zu bekommen, fühlte er sich ständig unrein und schmutzig. Von Michael erfuhr er bei einem Engel-Workshop, den er und seine Frau besuchten. Da er nun um Michael wusste, beschloss er, von da an immer aufrichtig und ehrlich zu sein. In der Vergangenheit war seine Integrität stets zweifelhaft.

Heute verdient er mehr als je zuvor. Er hat mehr Freude an seinem Beruf und ist im Reinen mit sich selbst.

Das liegt an der Kraft Michaels, des Verfechters von Gesetz, Recht, Wahrheit und Integrität. Im Buch Daniel (10, 21) heißt es: „Doch zuvor will ich dir kundtun, was geschrieben ist im Buch der Wahrheit. - Und es ist keiner, der mir hilft gegen jene, außer eurem Engelfürsten Michael.“

Michael ist mitfühlend und verständnisvoll, weshalb er zuweilen auch als der Engel der Barmherzigkeit bezeichnet wird. Einer Legende nach wurden die Cherubim aus den Tränen geschaffen, die Michael weinte, als er über die Sünden der Gläubigen meditierte.

SCHUTZ

Nach einem Abend mit Freunden musste Sybil durch eine gefährliche Gegend nach Hause fahren. In diesem Stadtteil war sie immer nervös und fuhr überhaupt nur dort hindurch, weil sie so zwanzig Minuten früher zu Hause war. Genau in dem Augenblick, als sie daran dachte, wie sehr sie hoffte, dass ihr Auto jetzt bloß keine Panne hätte, starb der Motor ab, und der Wagen kam allmählich zum Stehen.

Sybil verriegelte alle Türen, saß im Auto und fragte sich, was sie jetzt am besten tun sollte. Sie erinnerte sich, über Michael und den Schutz, den er gewährt, gelesen zu haben. Das erschien ihr ziemlich weit hergeholt, denn sie hatte noch nie um Hilfe gebeten; aber jetzt war sie bereit, alles zu versuchen. Im Geist bat Sybil Michael, ihr zu Hilfe zu kommen. Plötzlich spürte sie, wie tiefer Friede sich über sie senkte, und ihr wurde bewusst, dass sie nicht auf sich allein gestellt war. Endlich konnte sie wieder klar denken. Eine zarte Stimme riet ihr jedoch, den Wagen zu verlassen und in einem Haus in der Nähe, in dem Licht brannte, um Hilfe zu bitten. Zu ihrer eigenen Überraschung stieg sie mühelos aus dem sicheren Wagen aus, überquerte die Straße und klingelte an der Tür.

„Ich hatte keine Angst", erklärte sie später. „Ich wusste einfach, dass ich behütet war und mir nichts Schlimmes geschehen würde."

Sie hatte Recht. Ein junger Mann mit wilder Punk-Frisur öffnete die Tür. Unter normalen Umständen wäre sie bei seinem Anblick in diesem Stadtteil fürchterlich erschrocken, aber sie erklärte ihm ganz gelassen, was geschehen war, und er bat sie herein, damit sie telefonieren konnte. Sie rief ihren Bruder an, und während sie auf ihn wartete, kochte er ihr eine Tasse Tee und sie unterhielten sich über Rap-Musik.

„Das war das seltsamste Erlebnis in meinem ganzen Leben", berichtete mir Sybil. „Ich fühlte mich sicher, behütet und zu jeder Zeit Herrin der Lage. Michaels Hilfe hat mich verwandelt. Ich habe ihn seither noch mehrmals angerufen; denn ich weiß, er ist immer für mich da."

Eine alte rumänische Geschichte erzählt, dass Michael Menschen nicht nur beschützt, sondern auch verteidigt, wenn es nötig ist. In dieser Geschichte griff eine Horde Windsbräute einen wehrlosen, fast blinden Mann an. Michael spürte die Windsbräute auf und bestrafte sie.[43]

Während ich dieses Buch schrieb, half Michael zwei Mitgliedern meiner Familie. Meine Tochter Charlotte und ihre Familie wollten eben in ihrem Auto rückwärts aus ihrer Einfahrt stoßen, als Charlotte eine Stimme hörte, die ihr sagte, sie solle unters Auto schauen. Das tat sie – und fand die Katze der Familie selig schlummernd direkt hinter einem der Autoräder. Wäre Charlotte zurückgestoßen, hätte sie die Katze überfahren.

Eine dramatischere Geschichte erlebte mein älterer Sohn Nigel. Spät abends war er auf dem Rückweg zu seiner Wohnung im Londoner Stadtteil Ealing, als er von einem Mann angesprochen wurde, der mit einem Messer herumfuchtelte und Geld verlangte. Nigel wollte eben nach seinem Geldbeutel greifen, als ihn eine Stimme

---

43 Stephen Herbert Langdon, a.a.O.

aufforderte wegzurennen. Er rannte die Straße entlang, verfolgt von dem messerschwingenden Mann. Zum Glück stolperte der Mann und stürzte, und Nigel konnte an eine Haustür klopfen und den Bewohnern zurufen, sie sollten die Polizei holen. Noch bevor jene das tun konnten, waren bereits mehrere Polizeifahrzeuge am Ort des Geschehens. Der Mann mit dem Messer hatte eine Viertelstunde zuvor jemanden erstochen, und die Polizei suchte ihn bereits.

In beiden Fällen hatten Charlotte wie Nigel eine leise Stimme gehört, die ihnen sagte, was sie tun sollten. Sie glauben wie ich, dass Michael ihnen Schutz und Rat gab.

MICHAEL IN DER SAKRALEN KUNST

Michael ist sowohl alleine als auch zusammen mit den anderen Erzengeln auf vielen Kunstwerken zu sehen. Als das älteste Beispiel gilt ein großes Mosaik in der Kirche San Michele in Ravenna, das etwa auf das Jahr 545 n. Chr. datiert wird. Dieses Mosaik zeigt Christus mit einem Kreuz und einem geöffneten Buch. Rechts und links von ihm stehen Michael und Gabriel, mit Flügeln und großen Zeptern.[44]

Michael wird gewöhnlich als gut aussehender junger Mann mit ernsten Gesichtszügen dargestellt, wie sie zu jemandem passen, der sich in ständigem Krieg mit den Kräften des Bösen befindet. Fast immer wird er mit großen Flügeln gezeigt. Auf frühen Werken trägt er ein weißes Gewand und hat vielfarbige Flügel. Seit dem 16. Jahrhundert wird er gewöhnlich mit Kettenpanzer sowie Schwert, Speer und Schild dargestellt. Oft setzt er einen Fuß auf Luzifer, entweder in halbmenschlicher oder Drachengestalt, und hält seine Lanze zum Stoß erhoben. Diese Szene ist deshalb so beliebt, weil sie den Triumph unseres spirituellen Selbst über unsere tierischen Instinkte spiegelt.

44 Anna Jameson, *Sacred and Legendary Art*, Band I, Houghton, Mifflin & Co., Boston 1895

DER MICHAELISTAG

Der Bibelforscher Dr. E. W. Bullinger versuchte, auf der Grundlage bekannter Fakten das exakte Geburtsdatum von Jesus herauszufinden. Dabei kam er zu einem interessanten Schluss. Er glaubt, dass der 25. Dezember der Tag der Empfängnis Jesu ist und er in Wirklichkeit am 29. September geboren wurde. Ferner glaubt er, dass die beiden größten Erzengel, Gabriel und Michael, dabei eine Rolle spielten. Gabriel erschien Maria am 25. Dezember und verkündete ihr die Empfängnis, und Michael kam am 29. September zu den Hirten.[45]

Im fünften Jahrhundert richteten die Römer einen Feiertag für Michael ein. Erstaunlicherweise wird der Michaelistag am 29. September gefeiert. Im Mittelalter erlangte dieses Fest hohe Bedeutung, da Michael der Schutzheilige der Ritter ist. Einst kannte die katholische Kirche besondere Feiertage für Michael (29. September), Gabriel (24. März) und Raphael (24. Oktober). Heute jedoch feiert die katholische Kirche am Michaelistag den Erzengel Michael und alle anderen Engel. Die griechische, armenische, russische und koptische Kirche begehen den Michaelistag am 8. November.

In England briet man am Michaelistag traditionell eine Gans. So entstand die Redensart: „Wer an Michaeli eine Gans verspeist, wird ein ganzes Jahr lang nicht unter Geldnot leiden." In Irland buk man einen Michaelikuchen und gab einen Ring hinein. Wer in seinem Stück den Ring fände, so glaubte man, würde bald heiraten. Auf der Isle of Skye fanden Prozessionen statt und man buk ebenfalls einen Kuchen, den berühmten *St. Michael's Bannock.*

Der Michaelistag ist auch noch aus einem anderen Grund bedeutend. In Britannien war der 29. September einer der vier „Vierteltage" im Wirtschaftsjahr, wobei das Wirtschaftsjahr dort am 1.

---

45 H. C. Moolenburgh, *Engel als Beschützer und Helfer der Menschheit,* Hermann Bauer, Freiburg 1997.

April beginnt. Die Vierteltage waren wichtige Termine, zu denen Rechnungen, Miete und Pacht, Schulden und Zinsen gezahlt wurden.

Außerdem zeigt Michaeli den Beginn des Herbstes an und damit eine Zeit, in der es darum geht, alles loszulassen, was keinen Sinn mehr hat. Dazu gehören Beziehungen, in denen es nicht mehr weiter geht, Verhaltensmuster, schlechte Angewohnheiten und negative Gedanken.

Jetzt wissen wir, wer Michael ist und wie er seit historischer Zeit verstanden wird und können ihn nun im nächsten Kapitel näher kennenlernen.

2

MIT MICHAEL KONTAKT AUFNEHMEN

Engel sind bereit, uns zu helfen, wann immer wir dies wünschen. Wir müssen nur darum bitten. Natürlich sollten wir nicht wegen einer trivialen Sache oder wegen etwas, das wir sehr gut selber lösen können, einen Erzengel rufen. Wenn die Sache jedoch dringlich ist oder die Hilfe der Engel erfordert, müssen wir in der Lage sein, sofort mit einem bestimmten Engel Kontakt aufzunehmen.

Obwohl Michael sehr beschäftigt ist, ist er doch geistig überall zugegen und kann uns umgehend zu Hilfe kommen. Die Kontaktaufnahme kann auf verschiedene Weise geschehen.

DER ENGELALTAR

Es ist gut, wenn Sie einen bestimmten heiligen Ort haben, an dem Sie mit Michael Kontakt aufnehmen. Eine heiliger Ort ist jeder Platz, den Sie für spirituelle Tätigkeiten verwenden. Je öfter Sie diesen Platz benutzen, desto heiliger und wirkungsvoller wird er. Mit der Zeit werden andere Menschen die besonderen Energien an Ihrem heiligen Ort spüren können.

Natürlich spielen bei der Wahl des Ortes für Ihren Altar auch der zur Verfügung stehende Platz und die notwendige Privatsphäre eine Rolle. Geeignet ist jeder Raum des Hauses. So ist die Küche zum Beispiel ein guter Ort, weil der Herd traditionell als der Mittelpunkt des Heims galt. Lassen Sie sich bei der Wahl Ihres heiligen Ortes eher von Ihrer Intuition als von Ihrem Verstand leiten. Es gibt auch keinen Grund, warum Sie nur einen Altar haben sollten. Richten Sie sich so viele Altäre ein, wie Sie möchten.

Wenn Sie Glück haben, können Sie vielleicht sogar einen ständigen Altar für Michael aufbauen. Die meisten Menschen verfügen nicht über diesen Luxus und nutzen einen Esstisch oder ein Beistelltischchen vorübergehend als Altar. In gewisser Hinsicht ist das gar nicht schlecht; denn aus der Reinigung des Tisches und dem Aufbau des Altars können Sie bei jeder Verwendung ein Ritual machen.

Auf Ihren Altar können Sie alles stellen, was Ihnen stimmig erscheint. Manche mögen einen aufwändig dekorierten Altar, andere neigen eher zum Minimalismus. Sie können Ihren Altar mit Kerzen, Edelsteinen, ätherischen Ölen, frischen Blumen, Federn und ein paar persönlichen Schätzen dekorieren. Wer ein Engelbild oder einen sakralen Gegenstand hat, wird diese Dinge ebenfalls verwenden.

Sie können die Gegenstände auf Ihrem Altar so oft verändern, wie es Ihnen beliebt. Für gewöhnlich hängt das von dem Ritual ab, das Sie durchführen möchten. Eine Freundin von mir zeichnet vor jedem Ritual ein Mandala und legt es in die Mitte ihres Altars. Jedes Mandala verwendet sie nur ein einziges Mal und bewahrt es dann in einem Buch auf, das ihr ein sehr aufschlussreiches Bild ihres emotionalen und spirituellen Wachstums vermittelt.

Versuchen Sie, jeden Tag wenigstens fünf Minuten vor Ihrem Altar zu verbringen, selbst wenn Sie kein Ritual durchführen. Sie werden diese Zeit als stärkend und erhebend erfahren. Zugleich weiht sie Ihren heiligen Ort. Regelmäßige Sitzungen dieser Art entspannen Ihren Körper, was wiederum Ihrer Seele ermöglicht, ihre spirituelle Quelle aufzusuchen. Sie werden dies in vieler Hinsicht als heilsam empfinden.

INVOKATIONSRITUAL

Eine Invokation ist das Anrufen oder Herbeirufen eines Geistes, eines Engels oder einer Gottheit um Hilfe oder Schutz. Wir werden dieses Ritual zur Anrufung von Michael verwenden, aber es lässt sich auch zu anderen Zwecken einsetzen.

Sie sollten sich an einen Ort begeben, an dem Sie nicht unterbrochen oder gestört werden. Führen Sie dieses Ritual am besten vor Ihrem Altar aus. Das Ritual lässt sich in geschlossenen Räumen oder im Freien vollziehen, je nach Wetterlage und anderen Umständen. Ich habe einen bestimmten Platz im Freien neben meinem Orakelbaum[46], den ich in den Sommermonaten bei gutem Wetter nutze. Sonst führe ich dieses Ritual drinnen aus. Ich habe das Glück, dass ich in meinem Haus einen heiligen Platz einrichten konnte. Wenn Sie keinen heiligen Platz oder Altar eingerichtet haben, können Sie dieses Ritual in Ihrem Wohn- oder Schlafzimmer vollziehen. Räumen Sie das Zimmer auf, bevor Sie damit beginnen, und entfernen oder verdecken Sie alles, was stören könnte.

Verwöhnen Sie sich mit einem geruhsamen Bad oder einer Dusche, um sich vor dem Ritual zu reinigen. Manche fasten oder meditieren davor auch gerne.

Dieses Ritual wird am besten bei zunehmendem Mond ausgeführt. Manche sagen sogar, man sollte es überhaupt nur zu dieser Zeit vollziehen. Ich sehe vorher immer nach und führe diese Anrufung am liebsten bei zunehmendem Mond aus. Ich halte dieses Ritual jedoch für so wichtig, dass Sie es immer dann ausführen sollten, wenn Sie das Bedürfnis danach haben.

Tragen Sie locker sitzende, bequeme Kleidung und achten Sie darauf, dass es im Zimmer ausreichend warm ist. Sie können auch im Himmelskleid (nackt) arbeiten. Wenn Sie mögen, können Sie mit Räucherwerk, Kerzen und Musik eine bestimmte Stimmung schaf-

46 Richard Webster, *Omens, Oghams and Oracles*, Llewellyn Publications, St. Paul 1995

fen. Wenn ich Michael um Hilfe bitte, zünde ich meist eine orange- oder goldfarbene Kerze an und verwende weder Räucherwerk noch Musik. Das ist aber meine ganz persönliche Vorliebe, tun Sie einfach das, was Ihnen erforderlich erscheint, um die richtige Atmosphäre für das Ritual zu schaffen.

Das Ritual findet innerhalb eines Kreises mit einem Durchmesser von etwa zwei Metern statt. Zeichnen Sie einen passenden Kreis auf, wenn Sie möchten, oder stellen Sie ihn sich einfach vor. Stellen Sie sich nach Osten gewandt in die Mitte des Kreises. Atmen Sie dreimal tief durch und visualisieren Sie, dass Sie von reinem weißen Licht umgeben sind. Schließen Sie die Augen und bitten Sie die unendliche Weisheit um Hilfe und Schutz.

Berühren Sie Ihre Stirn mit Ihrem rechten Zeigefinger und sagen Sie „Du bist". Führen Sie Ihren Zeigefinger dann in gerader Linie bis auf Brusthöhe und sprechen Sie „das Reich", berühren Sie Ihre rechte Schulter und sprechen Sie „und die Kraft", berühren Sie Ihre linke Schulter und sprechen Sie „und die Herrlichkeit", legen Sie nun beide Hände auf Ihr Herz und sprechen Sie „in Ewigkeit. Amen".

Wenn Sie bereits mit der Kabbala gearbeitet haben, können Sie auch das kabbalistische Kreuzzeichen machen. Sprechen Sie dazu „Ateh" (für: Dein), während Sie Ihre Stirn berühren, führen Sie dann Ihren Zeigefinger in gerader Linie an Ihrem Körper entlang nach unten bis zum Genitalbereich und sprechen Sie „Malkuth" (ist das Reich). Führen Sie den Zeigefinger an die rechte Schulter und sprechen Sie „Ve Geburah" (und die Kraft). Sprechen Sie „Ve Gedulah" (und die Herrlichkeit), während Sie Ihre linke Schulter berühren und „Le Olahm" (in Ewigkeit. Amen), während Sie die Hände auf das Herz legen.

Visualisieren Sie sich umgeben von den vier großen Erzengeln: Raphael vor Ihnen im Osten, Michael im Süden, Gabriel im Westen und Uriel im Norden.

Öffnen Sie die Augen und strecken Sie den rechten Arm etwa in Brusthöhe vor sich aus. Zeichnen Sie, an der linken unteren Ecke mit einem Aufwärtsstrich beginnend, in ununterbrochener Linie ein Pentagramm bzw. einen fünfzackigen Stern in die Luft. Das Pentagramm reinigt und entfernt alle negativen Energien oder Schwingungen und schafft zugleich Frieden und Harmonie. Außerdem gewährt es Schutz. Visualisieren Sie dieses Pentagramm als ein leuchtendes, pulsierendes Licht. Am besten stellen Sie sich vor, es sei mit Feuer geschrieben. Wenn Sie das Pentagramm gezeichnet haben, zeigen Sie mit gestrecktem Arm und Zeigefinger in dessen Mitte und sagen Sie „Erzengel Raphael, großer Herr des Ostens und Fürst der Luft, willkommen und danke." Ziehen Sie einen Kreis in der Luft, der so groß ist, dass er das Pentagramm umschließt.

Das Pentagramm ist ein bekanntes Schutzsymbol und wird seit Tausenden von Jahren als solches eingesetzt. Vor etwa sechstausend Jahren entdeckten Astronomen, dass der Lauf der Venus die Form eines Pentagramms ergibt. Die oberste Spitze des Pentagramms symbolisiert den reinen Geist, die anderen Spitzen die vier Elemente Feuer, Erde, Luft und Wasser. Weil es in einer durchgezogenen Linie gezeichnet wird, steht das Pentagramm auch für die Verbundenheit aller Dinge im Universum. Der Kreis um das Pentagramm symbolisiert den heiligen Raum und hält böse Energien fern.

Sobald Sie das Pentagramm im Osten gezeichnet haben, wenden Sie sich mit ausgestrecktem Arm nach Süden. Zeichnen Sie auch hier wieder ein Pentagramm in der Luft. Zeigen Sie in die Mitte und sprechen Sie: „Erzengel Michael, großer Herr des Südens und Fürst des Feuers, willkommen und danke." Ziehen Sie einen Kreis um das Pentagramm und wenden Sie sich dann mit ausgestrecktem Arm nach Westen.

Wiederholen Sie den Vorgang und begrüßen Sie Gabriel, wenn Sie in die Mitte des Pentagramms zeigen: „Erzengel Gabriel, großer Herr des Westens und Fürst des Wassers, willkommen und danke.“ Ziehen Sie einen Kreis um das Pentagramm und wenden Sie sich dann mit ausgestrecktem Arm nach Norden. Heißen Sie nun Uriel willkommen, sobald Sie das Pentagramm gezeichnet haben: „Erzengel Uriel, großer Herr des Nordens und Fürst der Erde, willkommen und danke.“ Ziehen Sie einen Kreis um das Pentagramm und wenden Sie sich, immer noch mit ausgestrecktem Arm, wieder nach Osten.

Jetzt haben Sie einen Schutzkreis gezogen und einen heiligen Ort geschaffen, in dem Sie arbeiten können.

Schließen Sie die Augen und strecken Sie die Arme an den Ellbogen gekreuzt vor sich aus, so dass sie ein symbolisches Kreuz bilden. Visualisieren Sie die vier Erzengel um sich herum. Vielleicht sehen Sie sie als große, schöne Engelsgestalten. Oder vielleicht stellen Sie sie sich lieber als kreisende Energiekugeln vor; auch große, farbige Lichter sind möglich: Raphael ist gelb, Gabriel ist blau, Michael ist rot und Uriel ist grün. Womöglich nehmen Sie sogar physische Merkmale wahr: Raphael hat goldenes Haar und trägt gelbe und violette Gewänder; Gabriel hat bronzefarbenes Haar und trägt blaue und orangefarbene Gewänder; Michaels Haar wirkt wie Feuer, und seine Gewänder sind rot und grün, Uriel hat dunkles Haar und trägt zitronengelbe, grüne und schwarze Gewänder. Die Flügel der Engel sind ausgebreitet und vervollständigen so den Schutzkreis.

Sprechen Sie laut: „Vor mir ist Erzengel Raphael, hinter mir Erzengel Gabriel. Zu meiner Rechten steht Erzengel Michael, zu meiner Linken Erzengel Uriel. Ich habe den Vater über mir und die Mutter unter mir. In mir wohnt die universelle Lebenskraft. Mit dieser Hilfe und diesem Schutz kann ich alles erreichen.“

Atmen Sie tief ein, halten Sie den Atem so lange wie möglich an und atmen Sie dann langsam wieder aus. Entwickeln Sie ein körperliches Gefühl dafür, was es heißt, wenn man alles erreichen kann, und öffnen Sie dann die Augen.

Sie werden feststellen, dass Ihr heiliger Platz zwar immer noch derselbe ist, aber doch zugleich ein wenig verändert wirkt. Es ist möglich, allerdings unwahrscheinlich, dass Sie die Erzengel sehen. Sie werden jedoch ohne den geringsten Zweifel wissen, dass sie da sind.

Lassen Sie nun die Arme wieder sinken und wenden Sie sich nach Süden. Jetzt ist es Zeit, Michael um Hilfe zu bitten. Sprechen Sie normal, gerade so, als sprächen Sie mit einem guten Freund. Sie brauchen keine geschnörkelten oder altmodischen Formulierungen zu verwenden. Seien Sie sich bewusst, dass er da ist und bereit, Ihnen in jeder erdenklichen Hinsicht zu helfen.

Am Ende des Rituals müssen Sie die Pentagramme in derselben Reihenfolge wie zuvor noch einmal ziehen.

Wenden Sie sich nach Osten, ziehen Sie das bannende Pentagramm und sprechen Sie: „Ich banne jetzt diesen Kreis. Danke, Raphael, Erzengel des Ostens und der Luft." Wenden Sie sich mit ausgestrecktem Arm nach Süden. Ziehen Sie das bannende Pentagramm und sprechen Sie: „Ich banne jetzt diesen Kreis. Danke, Michael, Erzengel des Südens und des Feuers. Danke für deinen reichen Segen, den du mir geschenkt hast." Halten Sie den Arm ausgestreckt und wenden Sie sich nach Westen. Ziehen Sie das bannende Pentagramm und sprechen Sie: „Ich banne jetzt diesen Kreis. Danke, Gabriel, Erzengel des Westens und des Wassers." Wenden Sie sich nun mit ausgestrecktem Arm nach Norden. Wiederholen Sie den Vorgang und zeichnen Sie das bannende Pentagramm: „Ich banne jetzt diesen Kreis. Danke, Uriel, Erzengel des Nordens und der Erde."

Wenden Sie sich nach Osten. Verneigen Sie sich leicht und sagen Sie: „Danke, Raphael." Wiederholen Sie das auch in den anderen Himmelsrichtungen und danken Sie jedem Erzengel.

Nun ist das Ritual beendet. Sie können aus dem Kreis treten, wieder in Ihren Alltag zurückkehren und sicher sein, dass Ihnen Ihre Bitte gewährt wird. Wahrscheinlich sind Sie jetzt aufgeregt, glücklich und voller neuer Ideen. Probleme, die zuvor noch unüberwindlich schienen, sind nun nur noch unbedeutende Herausforderungen. Gönnen Sie sich ein paar Minuten der Entspannung, bevor Sie wieder ganz in die materielle Welt zurückkehren. Es kann Ihnen jetzt gut tun, etwas zu essen oder zu trinken, damit Sie nach dem Ritual wieder geerdet sind.

EDELSTEINRITUAL

Die starke Wirkung, die Edelsteine auf unser physisches, mentales und emotionales Selbst haben, ist seit Tausenden von Jahren bekannt. Daher überrascht es nicht, dass bestimmte Edelsteine mit dem Engelreich verbunden werden. Als der Erste, der dies getan hat, gilt Papst Gregor, der den Karfunkel als den Edelstein der Erzengel betrachtete.[47] Blaue, gelbe und goldfarbene Edelsteine passen am besten zu Michael. Aber verlassen Sie sich einfach auf Ihre Intuition, denn jeder Edelstein, der Ihnen stimmig erscheint, ist gut. Für Michael verwende ich am liebsten folgende Steine: Saphir, Lapislazuli, Aquamarin, Türkis und Topas (blauer und gelber).

Saphir reinigt und erneuert die Seele. Er fördert Entspannung und Meditation. Er gilt als der „Stein der Weisen", denn er verhilft den Menschen, die ihn tragen, zu innerer Ruhe und fördert die Entdeckung verborgener Wahrheiten. Es schenkt Energie, Begeisterungsfähigkeit, gesunden Menschenverstand und Unterstützung.

Lapislazuli unterstützt die spirituelle Entwicklung und verbessert die Intuition, besonders das Hellhören. Er beseitigt Ängste, Zweifel und Sorgen und fördert Liebe und Freundschaft.

Aquamarin erhöht die Kreativität und verbessert die Wahrnehmung. Er fördert Klarheit, Verständnis und Erkenntnis. Zuweilen wird er auch zur Stärkung des Immunsystems eingesetzt.

47 Cornelia M. Parkinson, *Gem Magic*, Fawcett Columbine, New York 1988

Türkis wird häufig für Schutzamulette verwendet. Außerdem schenkt er Zuversicht, Energie und Begeisterungsfähigkeit. Er heitert auf und eliminiert negative Energien.

Der blaue Topas schenkt Inspiration und hilft, emotionale Probleme loszulassen. Menschen, die ihn tragen, können die Dinge anders sehen und sich kreativ ausdrücken.

Der gelbe Topas fördert Kreativität und Konzentration. Er ermutigt die Menschen, die ihn tragen, zur spirituellen Entwicklung. Außerdem schenkt er Harmonie und Seelenfrieden.

Rutilquarz ist ebenfalls ein Edelstein, der zur Kontaktaufnahme mit dem Engelreich eingesetzt werden kann. Er wird gelegentlich als „Engelshaar" bezeichnet, weil die silbernen und goldenen Rutileinschlüsse im Quarz wie Haare aussehen. Rutilquarz schenkt Zufriedenheit, Harmonie und Seelenfrieden. Außerdem regt er das spirituelle Wachstum an.

Setzen Sie sich an einem Ort, an dem Sie ungestört sind, bequem hin. Tragen Sie locker sitzende Kleidung und achten Sie darauf, dass Ihnen warm genug ist. Legen Sie Ihren Edelstein in die linke Handfläche und lassen Sie die linke Hand mit dem Handrücken nach unten in der rechten ruhen. Legen Sie die Hände entweder auf Ihren Schoß oder halten Sie sie etwa in Nabelhöhe.

Schließen Sie die Augen und atmen Sie mehrmals tief und langsam ein und aus. Denken Sie dann an den Edelstein in Ihrer Hand. Achten Sie auf die Energien und Gedanken, die nun kommen. Vielleicht spüren Sie, dass der Edelstein auf Ihre Zuwendung reagiert. Vielleicht spüren Sie auch, wie die Eigenschaften, die der Edelstein verleiht, sich in Ihrem ganzen Körper ausbreiten.

Lassen Sie sich dabei Zeit. Wenn Sie dieses Ritual zu schnell ausführen, entgehen Ihnen wahrscheinlich wertvolle Einsichten, die in der Meditation kommen. Sobald Sie soweit sind, bitten Sie Michael, zu Ihnen zu kommen. Haben Sie auch jetzt wieder Geduld und lassen Sie sich so viel Zeit wie nötig. Sitzen Sie still mit geschlossenen Augen und warten Sie auf ein Zeichen, dass Michael da ist. Möglicherweise verspüren Sie eine leichte Veränderung der Temperatur oder Sie haben plötzlich das sichere Gefühl, dass er da ist. Das kann in Sekundenbruchteilen geschehen. Eben war er noch nicht da, und plötzlich spüren Sie seine Gegenwart.

Wenn Michael gekommen ist, können Sie ihn in Gedanken um alles bitten, was Sie möchten. Wenn das Gespräch beendet ist, danken Sie ihm, atmen Sie ein paar Mal tief durch und öffnen Sie die Augen.

PENDEL-RITUAL

Ein Pendel ist ein kleines, an einem Faden oder einer Kette befestigtes Gewicht. Meine Mutter verwendete immer ihren Ehering als Gewicht und band ihn an einen kurzen Baumwollfaden. Speziell gefertigte Pendel sind in allen Esoterik-Läden erhältlich, aber ein Pendel lässt sich auch aus einem beliebigen kleinen Gegenstand herstellen, den man an einen Faden oder eine Schnur hängen kann. Das ideale Gewicht beträgt etwa einhundert Gramm. Experimentieren Sie so lange, bis Sie die günstigste Fadenlänge für sich herausgefunden haben, meist liegen Sie mit einer Länge zwischen acht und fünfzehn Zentimetern genau richtig.

Rechtshänder halten den Faden zwischen Daumen und Zeigefinger der rechten Hand. Stützen Sie den Ellbogen auf Ihren Altar und lassen Sie das Gewicht etwa drei Zentimeter über der Oberfläche schweben. Linkshändern fällt es wahrscheinlich leichter, das Pendel in der linken Hand zu halten. Aber probieren Sie es aus; viele Menschen benutzen das Pendel auch lieber mit ihrer nicht dominanten Hand.

Halten Sie die Bewegungen des Pendels mit der freien Hand an. Sobald es stillsteht, fragen Sie Ihr Pendel, mit welcher Bewegung es „ja“ anzeigen will. Sie können diese Frage in Gedanken oder laut stellen. Wenn Sie dies zum ersten Mal versuchen, kann es eine oder zwei Minuten dauern, bis das Pendel reagiert. Sobald Sie es aber erst einmal gewöhnt sind, wird es sich sofort bewegen. Um „ja“ anzuzeigen, wird sich das Pendel für eine von vier Richtungen entscheiden. Entweder es schwingt von Ihnen weg und wieder auf Sie zu oder es schwingt seitlich oder es dreht sich im Kreis, entweder im oder gegen den Uhrzeigersinn.

Hat das Pendel Ihnen eine eindeutige Antwort gegeben, können Sie es nach den Bewegungen für die Antworten „nein“, „ich weiß nicht“ und „darauf möchte ich nicht antworten“ fragen.

Testen Sie die Bewegungen mit Fragen, deren Antwort Sie bereits kennen. So könnten Sie zum Beispiel fragen: „Bin ich ein Mann?“ Wenn Sie ein Mann sind, sollte das Pendel mit „ja“ reagieren, sind Sie eine Frau, sollte es „nein“ anzeigen.

Wie bei allen anderen Dingen, macht auch hier Übung den Meister. Auf jeden Fall ist Pendeln eine nützliche Fähigkeit, die Sie auf vielerlei Weise nutzen können.[48]

Sobald Sie mit dem Pendel vertraut sind, können Sie es in einem Ritual verwenden, um mit Michael Kontakt aufzunehmen. Setzen Sie sich vor Ihren Altar und entspannen Sie sich bewusst so weit wie möglich. Nehmen Sie nach ein oder zwei Minuten Ihr Pendel zur Hand, lassen Sie es sich sechzig Sekunden lang absichtlich im Uhrzeigersinn drehen und sagen Sie dann laut, dass Sie mit Michael sprechen möchten. Denken Sie daran, warum Sie mit ihm kommunizieren möchten und fragen Sie dann das Pendel, ob Michael da ist. Das Pendel wird Ihnen nun hoffentlich eine bejahende Antwort anzeigen. Reagiert das Pendel nicht, bedeutet dies, dass Michael noch unterwegs ist. Warten Sie noch einmal sechzig Sekunden und fragen Sie dann erneut.

48 Siehe Richard Webster, *Pendulum Magic for Beginners*, Llewellyn Publications, St Paul 2002

Sobald Sie eine positive Antwort haben, können Sie auf zweierlei Arten weitermachen: Sie können Michael weiter Fragen stellen, die er über das Pendel beantworten wird, oder Sie legen das Pendel beiseite und lauschen auf Michaels Antwort in Ihrem Geist (Hellhören).

MEDITATIONSRITUAL

Ein Meditationsritual ist eine höchst angenehme Art, um mit Michael in Kontakt zu kommen. Am besten führen Sie es aus, wenn Sie nicht müde sind, da es sonst geschehen kann, dass Sie noch vor dem Kontakt einschlafen.

Liegen Sie auf dem Rücken, entweder auf dem Boden oder auf einem festen Bett. Verwenden Sie ein Kopfkissen, wenn nötig. Achten Sie darauf, dass das Zimmer gut warm ist, da Ihre Körpertemperatur während des Rituals wahrscheinlich um ein bis zwei Grad sinken wird. Tragen Sie locker sitzende Kleidung und decken Sie sich mit einer Decke zu, falls Sie das Bedürfnis dazu haben.

Schließen Sie die Augen, sobald Sie sich wohl fühlen. Atmen Sie tief ein und dann langsam wieder aus. Lassen Sie eine Welle der Entspannung durch Ihren gesamten Körper strömen. Atmen Sie weiter langsam und tief. Wenden Sie Ihre Aufmerksamkeit nach ein paar Atemzügen Ihrem linken Fuß zu und entspannen Sie ihn völlig. Wenn Sie spüren, dass er vollkommen entspannt ist, dann gehen Sie mit Ihrer Aufmerksamkeit langsam weiter Ihr linkes Bein entlang. Entspannen Sie Ihre Wadenmuskeln, Ihr Knie und Ihren Oberschenkel. Ist Ihr linkes Bein völlig entspannt, entspannen Sie Ihr rechtes Bein auf dieselbe Weise.

Gehen Sie mit Ihrer Aufmerksamkeit weiter Ihren gesamten Körper entlang und entspannen Sie Ihren Bauch, die Magengegend, Brust und Schultern. Lassen Sie die Entspannung Ihren linken Arm entlang bis in die Fingerspitzen fließen. Wiederholen Sie dasselbe mit dem rechten Arm.

Entspannen Sie nun die Muskeln am Hals und im Gesicht. Jetzt sollte Ihr gesamter Körper entspannt sein. Gehen Sie im Geiste Ihren gesamten Körper durch und vergewissern Sie sich, dass dies so ist. Entspannen Sie alle Stellen, die immer noch ein wenig angespannt sind. Wenn Sie sicher sind, dass Sie nun vollkommen entspannt sind, dann denken Sie an die Muskeln um Ihre Augen und versuchen Sie, auch diese soweit wie möglich zu entspannen.

Denken Sie nun in diesem völlig ruhigen und entspannten Zustand an den Erzengel Michael und bitten Sie ihn, zu Ihnen zu kommen. Denken Sie daran, weshalb Sie ihn brauchen und warum Sie um Hilfe bitten.

Allmählich wird sich das Gefühl einstellen, dass Michael bei Ihnen ist. Wahrscheinlich wird es ein Gefühl sein, vielleicht aber entsteht auch ein klares Bild von Michael vor Ihrem geistigen Auge. Möglicherweise verspüren Sie Trost oder Wärme. Vielleicht fühlen Sie mit jeder Faser Ihres Wesens, dass Michael bei Ihnen ist.

Sobald Sie wissen, dass er bei Ihnen ist, danken Sie ihm und formulieren Sie Ihre Bitte.

DAS HELLHÖREN-RITUAL

Hellhören ist die Fähigkeit, geistige Dinge zu hören. Manche Menschen können das von Natur aus, aber jeder kann es durch Übung lernen. Wenn Sie eine große Muschel haben, können Sie Hellhören üben, indem Sie die Muschel an Ihr Ohr halten und dem Klang des Meeres lauschen. Natürlich hören Sie nicht wirklich das Meeresrauschen, aber es dient als Klangteppich, der für Ihre Fähigkeit zum medialen Hören wirkt wie eine Kristallkugel für das Hellsehen.

Beim Hellhören tauchen Gedanken in Ihrem Geist auf. Zunächst zweifeln Sie vielleicht an den Botschaften, die Sie erhalten. Schließlich sendet uns unser Verstand den lieben langen Tag irgendwelche Meldungen. Wie können wir feststellen, welche davon medial und welche unsere eigenen Gedanken sind? Eine Methode, diese Gabe zu entwickeln, besteht darin, sich ein Gespräch mit jemandem vorzustellen, den Sie sehr bewundern. Stellen Sie dieser Person eine Frage und überlegen Sie dann, wie die Antwort lauten könnte. Wiederholen Sie dies mehrfach. Wenn Sie soweit sind, stellen Sie eine zweite Frage, aber unternehmen Sie nun keinerlei Versuch, sie zu beantworten. Warten Sie einfach ab, welche Gedanken sich einstellen. Sie werden feststellen, dass sich Ihre Fähigkeit zum und Fertigkeit im Hellhören am besten entwickelt, wenn Sie die Antworten nicht analysieren, sondern einfach hinnehmen.

Setzen Sie sich mit Papier und Stift auf einen bequemen Stuhl. Es kann förderlich sein, wenn Sie einen Lapislazuli tragen, denn dieser Stein verstärkt die Hellhörigkeit. Schließen Sie Augen und atmen Sie mehrmals langsam und tief durch, um so Körper und Geist zu entspannen. Visualisieren Sie reines weißes Licht um sich herum, und bitten Sie dann Michael, zu Ihnen zu kommen. Sie können ihn laut oder in Gedanken bitten. Ich habe diese Übung in einem Zimmer durchgeführt, in dem auch andere Menschen waren, und niemand ahnte auch nur im Entferntesten, dass ich gerade mit Michael Kontakt aufnahm. Natürlich sprach ich in diesem Fall nichts laut aus.

Sobald Sie spüren, dass Michael bei Ihnen ist, können Sie ihm jede beliebige Frage stellen. Michaels Antworten werden in Ihren Gedanken auftauchen. Bewerten Sie die Antworten nicht und denken Sie nicht weiter darüber nach. Es ist gut, sie aufzuschreiben, damit Sie später darüber nachdenken können.

Wenn Sie alle Ihre Fragen gestellt haben, danken Sie Michael für seine Hilfe und seine Unterstützung. Konzentrieren Sie sich mehrere Sekunden lang auf Ihren Atem. Werden Sie sich Ihrer Umgebung wieder bewusst und öffnen Sie dann die Augen. Warten Sie noch ein oder zwei Minuten, bevor Sie die Antworten lesen, die Sie aufgeschrieben haben.

BRIEF-RITUAL

Diese Methode ähnelt dem Hellhören-Ritual. Schreiben Sie Michael einen Brief. Schreiben Sie wie an einen guten Freund; denn genau das ist Michael ja. Michael liebt Sie und ist bereit, Ihnen auf jede erdenkliche Weise zu helfen. Erzählen Sie Michael zunächst, was gerade in Ihrem Leben vor sich geht. Beschreiben Sie es so ausführlich, wie Sie es für notwendig halten. Das dient in erster Linie dazu, dass die Dinge für Sie selbst klarer werden und ist ein wichtiger Bestandteil des Rituals. Berichten Sie Michael von den Menschen, die Ihnen wichtig sind, und kommen Sie dann auf Ihre Hoffnungen und Träume zu sprechen. Sprechen Sie Ihre Bitte aus, sobald Sie das Gefühl haben, dass Sie bereit dafür sind. Unterzeichnen Sie den Brief und stecken Sie ihn in einen Umschlag. Verschließen Sie den Umschlag und adressieren Sie den Brief an den Erzengel Michael.

Warten Sie möglichst bis zum nächsten Morgen, bevor Sie das Ritual fortsetzen. Wenn die Angelegenheit sehr dringend ist, können Sie auch sofort weitermachen, meist ist es aber besser, zwischen dem Schreiben des Briefes und dem Absenden an Michael ein paar Stunden verstreichen zu lassen.

Sorgen Sie dafür, dass Sie nicht unterbrochen werden. Setzen Sie sich bequem vor Ihren Altar, zünden Sie eine Kerze an, wenn Sie das möchten, schließen Sie die Augen und umgeben Sie sich mit weißem Licht. Sobald Sie bereit sind, bitten Sie Michael, zu Ihnen zu kommen. Wenn Sie seine Gegenwart spüren, öffnen Sie den Umschlag und lesen Sie den Brief laut vor. Falten Sie den Brief danach wieder zusammen und stecken Sie ihn in den Umschlag. Bleiben Sie still sitzen und warten Sie auf Michaels Antwort.

Die Antwort kann auf vielerlei Weise kommen. Meist schickt Michael eine Botschaft, die Sie durch Hellhören wahrnehmen werden. Es kann auch geschehen, dass vor Ihrem geistigen Auge ein Bild entsteht, worin Sie einen Brief erhalten. Stellen Sie sich nun weiter vor, wie Sie diesen Brief annehmen, öffnen und lesen. Möglich ist auch, dass sich das sichere Gefühl einstellt, dass alles gut wird. Wenngleich Sie in diesem Fall zwar keine dezidierte Antwort erhalten, so werden Sie doch mit jeder Faser Ihres Wesens die Gewissheit verspüren, dass Michael sich für Sie einsetzen wird, um das Problem zu lösen. Öffnen Sie die Augen in dem Vertrauen, dass für die Sache gesorgt ist.

Vielleicht spüren Sie auch erst einmal gar nichts. Wenn dem so ist, bleiben Sie noch ein paar Minuten ruhig sitzen, werden Sie sich dann nach und nach Ihrer Umgebung wieder bewusst und öffnen Sie die Augen. Gehen Sie Ihrer normalen Alltagsbeschäftigung nach und seien Sie sicher, dass Michael Ihnen antworten wird, sobald er bereit ist. In diesen Fällen kann es geschehen, dass die Situation sich löst, ohne dass Michael erst antworten muss. Er nimmt sich der Sache an und sorgt für eine Lösung, die für alle Beteiligten am besten ist.

ZU MICHAEL BETEN

In gewissem Sinne sind alle Meditationen in diesem Kapitel eine Form des Gebetes. Sobald jemand bewusst versucht, mit den göttlichen Kräften Verbindung aufzunehmen, betet er oder sie. Das Gebet ist eine äußerst effektive Methode der spirituellen Kommunikation, die bis in prähistorische Zeit zurückreicht. Es nahm wahrscheinlich seinen Anfang, als die Menschen begannen, mit den Naturkräften zu sprechen, in dem Bemühen, sie zu lenken oder doch wenigstens mit ihnen zu verhandeln.

Als Kind wurde mir beigebracht, dass jedes Gebet immer die Aufmerksamkeit eines Engels auf sich zieht. Ich kann mich nicht erinnern, dass ich dies je in Frage gestellt hätte, und ich habe wahrscheinlich angenommen, dass dieser Engel mein Schutzengel sei. Ich fand es stets tröstlich zu glauben, dass mir immer, wenn ich um Hilfe bitte, ein Engel zur Seite steht.

Sie können Michael ein Gebet schicken, wann immer Sie das möchten. Sie brauchen dazu nicht vor Ihrem Bett zu knien und die Hände zu falten. Beten können Sie beim Autofahren, unter der Dusche, während des Essens oder jeder anderen Tätigkeit. Gebet ist Kommunikation und kann jederzeit stattfinden.

Sie können in Gedanken oder laut beten. Ich bete lieber laut, weil es mir scheint, als verstärke dies meine Gebete, aber natürlich gibt es Umstände, unter denen dies nicht möglich ist. Eine meiner Nachbarinnen betet jeden Morgen für Ihre Kinder, wenn sie sie zur Schule bringt. Weil aber andere Eltern zugegen sind, tut sie das still.

Beginnen Sie Ihr Gebet, wenn Sie mögen, mit etwas Vertrautem, wie etwa dem Vaterunser. Das ist aber nicht notwendig. Die Wahl der Worte bleibt vollkommen Ihnen überlassen. Sprechen Sie aus dem Herzen, und die richtigen Worte stellen sich ganz von selber ein.

Viele glauben, dass Michael der Verfasser von Psalm 85 ist und rezitieren diesen Psalm, um ihn anzurufen.[49] Wenn Sie den letzten Vers (dass Gerechtigkeit vor ihm her gehe und seinen Schritten folge) gelesen haben, atmen Sie tief ein, halten Sie den Atem mehrere Sekunden lang an und atmen Sie dann langsam wieder aus. Warten Sie nun, bis Sie spüren, dass Michael bei Ihnen ist.

Zwei Schlüsselfaktoren des Betens werden häufig übersehen. Sobald das Gebet gesprochen wurde, müssen wir es dem Universum überlassen, ob es sich manifestiert. Deshalb enden viele Gebete mit der Formel: „Dein Wille geschehe.“ Dies zeigt, dass das Universum besser weiß, was das Beste für uns ist, als wir selber.

Der zweite Faktor ist Dankbarkeit. Wenn Sie erhalten, worum Sie gebeten haben, müssen Sie danken. Sie würden sich doch auch immer bei jemandem bedanken, der freundlich oder großzügig zu Ihnen war. Sie müssen Michael und dem Universum auf dieselbe Weise danken.

---

49 Migene González-Wippler, *Return of the Angels*, Llewellyn, St. Paul 1999

MIT MICHAEL SPAZIERENGEHEN

Ich liebe Spaziergänge und meist schaffe ich es auch, jeden Tag etwa eine Stunde lang spazieren zu gehen. Dabei bin ich weg vom Telefon und anderen Ablenkungen, kann über verschiedene Dinge nachdenken und bin gleichzeitig in Bewegung.

Als ich das erste Mal einen Spaziergang mit Michael erlebte, geschah das völlig unvorhergesehen. Den ganzen Tag über war ich sehr beschäftigt gewesen, deshalb ging ich abends vor dem Zubettgehen noch spazieren.

Ich war etwa zwanzig Minuten gegangen, da tauchte der Gedanke in meinem Kopf auf, ich solle die Straße überqueren und lieber auf einer anderen Strecke nach Hause gehen. Das hatte ich eigentlich nicht vorgehabt, aber ich habe gelernt, auf solche intuitiven Botschaften zu hören, die scheinbar aus dem Nichts auftauchen.

Ich überquerte die Straße und wandte mich an der Ecke nach rechts. Dabei spürte ich plötzlich, dass jemand neben mir ging. Ich konnte weder etwas hören noch etwas sehen, aber ich wusste sofort, dass Michael neben mir ging und mir Schutz und Geleit gab.

Ich dankte ihm im Geiste, und wir führten auf dem ganzen Weg bis nach Hause ein sehr schönes mediales Gespräch. Michael verließ mich an meiner Haustür, ich ging hinein und sann darüber nach, was geschehen war.

Am nächsten Tag erfuhr ich, dass es in der Gegend, auf die ich am Vorabend zugegangen war, einen Zusammenstoß zwischen zwei Gruppen Jugendlicher gegeben hatte. Hätte Michael nicht die andere Strecke vorgeschlagen, wäre ich mitten in die Auseinandersetzungen hineingeraten.

Ein paar Tage später machte ich wieder einen Abendspaziergang. Ich dachte an Michael und daran, was er für mich getan hatte. Gedanklich sandte ich ihm eine Nachricht der Wertschätzung und des Dankes. Sofort spürte ich wieder seine Gegenwart. Ich sagte ihm, ich sei dankbar, dass er wieder erschienen sei, aber eigentlich sei es nicht nötig. Michael erwiderte, er gehe gern mit mir spazieren, und die Zeit sei gerade günstig für ein Gespräch. Ich meine mich zu erinnern, dass wir auf jenem Spaziergang ein paar karmische Fragen diskutierten, die mich gerade beschäftigten.

Seither hatte ich die Freude zahlloser Spaziergänge mit Michael und betrachte das Spazierengehen mit Michael als eine der effektivsten Formen der Meditation, die überhaupt möglich sind. Dafür gibt es viele Gründe. Man ist weg von zu Hause und den üblichen Ablenkungen des Alltags. Spazierengehen ist eine sanfte und angenehme Form der Bewegung, durch die Sauerstoff ins Gehirn kommt und ein Gefühl des Wohlbefindens und der Zufriedenheit entsteht. Man ist draußen an der frischen Luft, sieht, hört und riecht Neues und anderes. Ein bekannter Tramp in Neuseeland pflegte zu sagen: „Die Welt ist meine Kirche, und das Leben ist mein Gebet."[50] Wenn ich draußen bin, kann ich dies sehr gut nachvollziehen.

Eine Meditation besteht aus Reflexion und Kontemplation. Wir brauchen nicht im Lotossitz zu sitzen, um dies zu erreichen. Ich finde, ein schöner Spaziergang, weitab von den üblichen Ablenkungen, ist eine wunderbare Gelegenheit zum Meditieren.

Wie Sie wissen, können Sie Michael jederzeit anrufen. Ein Spaziergang mit ihm macht jedoch aus dem Erlebnis ein angenehmes Gespräch, und Sie können über sehr viel mehr sprechen als bei einer herkömmlichen Meditation.

Gehen Sie die ersten paar Minuten recht zügig und verlangsamen Sie Ihre Geschwindigkeit dann auf ein gleichmäßiges Tempo. Atmen Sie ein paar Mal tief durch und genießen Sie die frische Luft. Beginnen Sie nach etlichen Minuten, an Michael zu denken. Schicken Sie ihm Gedanken der Liebe und der Dankbarkeit. Denken Sie daran, wann er Ihnen bereits geholfen hat. Während Sie so in Gedanken versunken sind, werden Sie wahrscheinlich irgendwann

50 Ken Ring, *Super Tramp*, Milton Press, Auckland 1999

spüren, dass Michael neben Ihnen geht. Wenn dies geschieht, danken Sie ihm im Geiste, dass er zu Ihnen gekommen ist und sagen Sie ihm dann, was Ihnen gerade am Herzen liegt. Wenn er nicht kommt, während Sie an ihn denken, warten Sie ein paar Minuten und bitten Sie ihn dann, zu Ihnen zu kommen.

Machen Sie sich keine Sorgen, wenn Michael nicht gleich bei Ihrer ersten Meditation im Gehen erscheint. Setzen Sie Ihren Spaziergang fort und versuchen Sie es später noch einmal. Es ist wichtig, dass Sie entspannt bleiben. Die Wahrscheinlichkeit ist groß, dass Sie enttäuscht werden, wenn Sie angespannt sind und sich Sorgen machen, dass Michael nicht kommen könnte. Am besten genießen Sie Ihren Spaziergang und machen sich nicht allzu viele Gedanken darüber, ob Michael nun zu Ihnen kommen wird oder nicht.

Sie können immer sicher sein, dass Michael stets dann zu Ihnen kommt, wenn die Sache dringend ist. (Wenn Sie jedoch dringend Hilfe brauchen, ist das Anrufungsritual das beste.)

KOMMUNIKATION MIT MICHAEL IM TRAUM

Im Traumzustand sind wir viel empfänglicher für Botschaften der Engel als im Wachzustand. Dies deshalb, weil wir sie unter all den Ablenkungen eines anstrengenden Tages leicht übersehen. Darum ist die Meditation eine solch gute Methode, um mit dem Engelreich Kontakt aufzunehmen, weil wir dabei absichtlich unseren Körper entspannen und unseren Geist zur Ruhe kommen lassen.

Wenn Sie mit Michael im Traum Verbindung aufnehmen wollen, denken Sie an Ihr Bedürfnis, wenn Sie im Bett liegen und einschlafen möchten. Bitten Sie Michael um die Hilfe und die Führung, die Sie suchen, und schlafen Sie dann ein in dem Bewusstsein, dass Michael Ihnen die Antwort zu allermeist am nächsten Morgen beim Aufwachen geben wird. Üblicherweise werden Sie die Antwort gleich beim Aufwachen im Kopf haben. Manchmal taucht sie aber auch mitten in Ihrem ganz normalen Alltag gerade dann in Ihren Gedanken auf, wenn Sie es am wenigsten erwarten. Wenn Sie den ganzen Tag über keine Antwort erhalten, dann vertrauen Sie einfach darauf, dass Michael die Sache für Sie regelt. Wiederholen Sie die Übung in der nächsten Nacht und dann jede weitere Nacht, bis Ihr Problem gelöst ist.

EVOKATIONSSRITUAL

Eine Invokation oder Anrufung ist die Bitte, jemand oder etwas möge erscheinen. In diesem Buch ist das Michael. Zumeist wird eine Invokation genügen. Eine Evokation verwendet man immer dann, wenn die Sache dringend ist und Michael sofort gerufen werden muss. Ich hoffe, Sie werden dies nie tun müssen, aber der Vollständigkeit halber sei die Evokation hier mit aufgenommen.

Wenden Sie sich, wenn möglich, nach Osten. Weil eine Evokation aber eine dringende Bitte ist, haben Sie vielleicht nicht genug Zeit zu bestimmen, wo Osten ist. Stehen Sie in diesem Fall in der Richtung, die Sie für Osten halten. Für die Evokation ist es unerheblich, wenn Sie falsch stehen.

Lassen Sie die Arme neben dem Körper hängen und senken Sie den Kopf. Schließen Sie die Augen und visualisieren Sie die vier Erzengel um sich herum. Stellen Sie sich reines weißes Licht vor, das herabkommt und Sie sowie die Erzengel umgibt. Atmen Sie drei Mal tief durch und wenden Sie sich um neunzig Grad nach rechts. Jetzt stehen Sie Michael gegenüber. Öffnen Sie die Augen und bitten Sie Michael, Ihnen zu helfen.

In den allerdringendsten Fällen können Sie Michael auf der Stelle herbeirufen. Dazu müssen Sie nur in Gedanken sagen: „Michael, ich brauche dich. Bitte hilf mir.“

MEDIALES ARBEITEN MIT MICHAEL

Wenn Sie medial arbeiten, werden Sie feststellen, dass Ihre Sitzungen besser werden, wenn Sie Michael um Hilfe bitten. Imaginieren Sie sich vor Beginn der Sitzung als von einem reinen, weißen, schützenden Licht umgeben. Halten Sie Ihre Instrumente, etwa eine Kristallkugel, Tarot-Karten, die Ephemeriden oder ein Pendel, in Ihren zur Schale geformten Händen oder legen Sie sie vor sich auf den Tisch und stellen Sie sich vor, dass auch sie vom weißen Licht umgeben sind.

Bitten Sie Michael im Stillen, Ihnen und Ihrer Klientin oder Ihrem Klienten seinen Schutz zu gewähren. Bitten Sie ihn, dass die Wahrheit sich offenbaren möge, und zwar in einer Atmosphäre der Sanftmut und der Liebe, damit die Erkenntnisse und Einsichten, die sich in der Sitzung zeigen, zum Nutzen aller seien.

Denken Sie am Ende der Sitzung daran, Michael erneut für seine Hilfe, seinen Rat, seinen Trost und seinen Schutz zu danken.

Probieren Sie alle diese Methoden aus. Wahrscheinlich werden Sie mit der Zeit eine oder zwei Methoden den anderen vorziehen. Jeder Mensch ist anders, und die Methoden, die ich am liebsten verwende, mögen nicht dieselben sein, die Sie am effektivsten finden.

Nun, da Sie wissen, wie Sie jederzeit mit Michael Kontakt aufnehmen können, wenn Sie möchten, ist es an der Zeit, dass Sie lernen, wie Sie ihn für sich selbst und andere um Hilfe und Beistand bitten. Das ist das Thema des nächsten Kapitels.

3

UM BEISTAND BITTEN

Michael ist bereit und in der Lage, Ihnen zu helfen, soweit er es vermag. Natürlich sollten Sie ihn nicht mit Kleinigkeiten belästigen. Dafür können Sie Ihren Schutzengel anrufen. Drei Dinge sollten Sie bedenken, wenn Sie Michael anrufen:

1. Ihre Bitte darf niemandem schaden. Es ist wichtig, dass Ihre Bitten positiv und zum Wohle aller Beteiligten sind.
2. Sie können Michael um Hilfe für andere bitten. Fragen Sie diese Menschen aber, wenn irgend möglich, zuerst um Erlaubnis. Es kann allerdings Gelegenheiten geben, in denen Ihnen das nicht möglich ist und Sie diskret vorgehen müssen.
3. Michael ist bereit, Ihnen zu helfen, soweit er es vermag. Nicht immer allerdings ist er der richtige Engel, den man herbeirufen sollte. Wenn sich Ihre Bitte zum Beispiel um eine zerbrochene Beziehung dreht, sollten Sie vielleicht eher Raphael rufen statt Michael.

Michael ist hauptsächlich mit Schutz, Wahrheit, Integrität, Mut und Kraft befasst. Wenn Sie in einem dieser Bereiche Schwierigkeiten haben, dann ist Michael der Engel, den Sie anrufen sollten.

SCHUTZ

Sie haben das Recht, sich überall sicher und wohlbehalten zu fühlen. Leider wird es Ihnen, wie allen anderen Menschen gelegentlich, auch so gehen, dass Sie das Bedürfnis nach Schutz haben.

Dabei erinnere ich mich an etwas, das sich vor beinahe zwanzig Jahren zugetragen hat. Eines Sonntagabends ging ich die Hauptstraße meines Wohnortes entlang. Mitglieder einer fundamentalistischen religiösen Vereinigung hielten in der Stadthalle einen Gottesdienst ab. Dieser endete etwa um dieselbe Zeit, als ich dort vorbei ging. Einige Mitglieder der Gemeinschaft erkannten mich, denn ich hatte gerade erst vor ein paar Tagen im Fernsehen über Esoterik gesprochen. Sie wurden wütend, als sie mich sahen, und jagten auf der Straße hinter mir her. Ich erschrak furchtbar und rannte, so schnell ich konnte. Meine Verfolger kamen immer näher, und endlich dachte ich daran, Michael anzurufen. Zu meiner Verwunderung gaben die Männer sofort die Verfolgung auf und kehrten zu den anderen Gemeindemitgliedern zurück. Ich zweifele nicht im Geringsten, dass es Michael war, der sie davon abhielt, mich weiter zu verfolgen. Erst viel später erkannte ich die Ironie der Tatsache, dass ich Michael angerufen hatte, damit er mich vor Menschen beschütze, die von sich behaupteten, gute Christen zu sein.

Dies zeigt, dass wir Michael in einer Notlage anrufen können und sofort Hilfe erhalten. Zum Glück war dies das einzige Mal, dass ich das tun musste. Wenn mir so etwas wieder passieren sollte, rufe ich Michael eher an.

Michael schenkt uns auch auf unterschiedlichste Weise Schutz. Wenn Sie zum Beispiel in einer Beziehung misshandelt werden, so bitten Sie Michael um emotionalen Schutz. Eine meiner Kursteilnehmerinnen erzählte im Kurs, dass sie von ihrem Stiefvater sexuell missbraucht wurde. Nach mehreren Jahren bat sie Michael um Schutz. Er gewährte ihr nicht nur den, sondern gab ihr auch den Mut und die Kraft, sich gegen ihren Stiefvater zu wehren.

Michael kann auch astralen Schutz geben. Wenn Sie astralen Angriffen ausgesetzt sind, rufen Sie Michael um Schutz an. Eine andere Kursteilnehmerin berichtete, dass ein Mann, der ihre Arbeitsstelle wollte, sie psychisch angriff.

„Persönlich war er immer sehr nett zu mir“, erinnerte sie sich. „Aber in seinen Augen war etwas, das mir Angst machte. Es war, als schauten sie direkt in mich hinein. Ich wusste sogar, wenn er hinter mir war, denn diese Augen schienen sich geradezu in mich hineinzubohren. Bis ich ihm begegnet bin, habe ich nie an so etwas wie den ‘bösen Blick’ geglaubt, aber durch ihn habe ich ihn am eigenen Leib erfahren. Doch gegen Michael kam er nicht an. Nur kurze Zeit nachdem ich Michael angerufen hatte, fand er eine andere Arbeitsstelle. Später erzählte mir jemand, der mit ihm zusammengelebt hatte, er habe Probleme mit vielen Leuten und versuche sich in schwarzer Magie, um es ihnen heimzuzahlen.“

Selbstverständlich können Sie Michael auch um körperlichen Schutz anrufen. Vor einigen Jahren verirrte ich mich in Niteroi, einer Stadt gegenüber dem Hafen von Rio de Janeiro. Ich fand mich in einem recht heruntergekommenen Stadtteil wieder und machte mir Sorgen, ob ich wohl den Weg zu meinem Hotel finden würde, zumal ich kein Portugiesisch sprach. Ich ging durch die Straßen und bat Michael, mich zu beschützen. Endlich gelangte ich an eine Stelle, die ich kannte. Wahrscheinlich wäre auch ohne Michaels Schutz alles gut gegangen, aber mit ihm war ich deutlich glücklicher.

Ich kenne mehrere Menschen, die Michael in ähnlichen Situationen um Schutz angerufen haben. Eine meiner Bekannten fuhr spät abends nach Hause, als ihr Auto in einem problematischen Stadtteil eine Panne hatte. Sie bat Michael um Schutz und machte sich auf die Suche nach einer Telefonzelle. Unmittelbar infolge dieses Erlebnisses wurde sie zum ersten Menschen, den ich kannte, der sich ein Handy kaufte.

Ein 13-jähriges Mädchen, die Tochter von Freunden, musste eines abends allein zu Hause bleiben, weil ihre Mutter mit Blinddarmentzündung ins Krankenhaus eingeliefert wurde. Sie bat Michael, sie zu beschützen und lag friedlich schlafend im Bett, als ihr Vater nach Hause kam. Sie hatte nur schlafen können, weil sie Michael gebeten hatte, sie zu beschützen.

Sie sehen also, ganz gleich welchen Schutz Sie benötigen, Michael ist bereit und in der Lage, ihn zu gewähren. Sie brauchen ihn nur um seine Hilfe zu bitten. Wenn Sie Zeit haben, können Sie ein Ritual daraus machen. Dies empfiehlt sich immer dann, wenn Sie um Schutz für sich selber, ihre Familie, andere liebe Menschen, eine Gemeinschaft, ein Land oder sogar die ganze Welt bitten.

Lassen Sie sich bloß nicht einreden, dass ein Einzelner nichts bewirken könne. Ihre regelmäßigen inneren Verbindungen mit Michael werden ihre Wirkung nicht verfehlen. Ich erzähle kaum jemandem außerhalb meiner engsten Familie, was ich an meinem heiligen Ort mache. Die meisten Menschen würden es nicht verstehen oder meine Motive, warum ich für die Menschen, die mir viel bedeuten, um Schutz bitte, missdeuten. Für mich ist es besser, wenn ich meine Rituale immer dann und immer so ausführe, wie ich sie für nötig halte, ohne darüber mit anderen zu reden.

Es gibt keine richtige oder falsche Art, Michael um Schutz zu bitten. Meist tue ich es zu Anfang eines Rituals, sobald Michael gekommen ist. Ich beginne mit der Bitte um Schutz für mich selbst. Ich visualisiere mich von reinem weißen Licht umgeben, fast so als stünde ich unter einem großen Strahler auf der Bühne. Dann bitte ich um Schutz für Familie und Freunde und visualisiere, wie das weiße Licht sich ausdehnt und alle einschließt. Wenn ich das Gefühl habe, dass bestimmte Menschen besonderen Schutz benötigen, dann nenne ich sie namentlich. Danach bitte ich um Schutz für die Menschen, mit denen ich arbeite. Abschließend bitte ich um Schutz für meine Gemeinde, mein Land und die ganze Welt. Wenn ich an die jeweilige Gruppe denke, visualisiere ich dabei, wie sich das weiße Licht immer weiter ausdehnt, bis alle darin Platz finden. Sobald ich damit so weit gekommen bin, wie ich möchte, halte ich das Bild des weißen Lichtes solange wie möglich vor meinem geistigen Auge. Danach danke ich Michael aufrichtig für seine Bereitschaft, alle zu schützen, die mir lieb sind. Meist beende ich das Ritual an dieser Stelle. Wenn es aber noch andere Dinge gibt, die ich mit Michael bereden möchte, dann achte ich darauf, dass sie angesprochen werden, bevor ich das Ritual beende.

Natürlich können Sie in einem Moment der Krise nicht auf diese Art um Schutz bitten. Sagen Sie in so einem Fall einfach: „Michael, ich brauche dich. Hilf mir!" Das funktioniert auch dann, wenn Sie mit Michael bisher noch nie Kontakt aufgenommen haben. Es ist allerdings wesentlich leichter und Sie tun es wahrscheinlich auch eher, wenn Sie ohnehin eine regelmäßige Kommunikation mit ihm pflegen.

SOFORTIGER, DAUERHAFTER SCHUTZ

Eine traditionelle Methode, um sofortigen und zugleich lang anhaltenden Schutz von Michael zu erhalten, besteht darin, einen roten Apfel und Lorbeerblätter in einem offenen Feuer zu verbrennen. Schauen Sie etwa ein bis zwei Minuten in die Flammen und lesen Sie dann Psalm 85 laut. Geben Sie die Asche in einen kleinen roten Beutel und tragen Sie ihn so lange bei sich, bis die Gefahr vorüber ist. Streuen Sie dann die Asche an einem Dienstagabend bei zunehmendem Mond um Ihr Haus.

KRAFT UND MUT

Michael ist auch bereit, uns allen den Mut zu geben, den wir brauchen, um uns jedem Hindernis oder jeder Herausforderung zu stellen. Ganz gleich, in welcher Situation wir uns befinden, Michael gibt uns die notwendige Kraft und den Mut, damit wir damit fertig werden können.

Vor einigen Jahren erlebte Natalie, eine ehemalige Klientin von mir, eine schwierige Situation am Arbeitsplatz. Ihr Chef hatte es sich zur Eigenart gemacht, alle einzuschüchtern und zögerte auch nicht, seine Mitarbeiter anzuschreien, wenn sie nicht taten, was er wollte. Natürlich entstand so eine sehr belastende Arbeitsatmosphäre.

Natalie war bereits dabei, sich nach einer anderen Stelle umzusehen, beschloss aber dann, mit ihrem Chef zu reden, weil ihre Position gute Perspektiven bot und sie sehr viel lernen konnte. Mehrere Tage nacheinander vollzog sie ein Ritual, in dem sie Michael um so viel Mut bat, dass sie ihrem Chef gegenübertreten konnte. Mehrmals hätte sie ihn um ein Haar auf sein aggressives, Grenzen verletzendes Verhalten angesprochen, aber immer hielt die Angst sie zurück.

Schließlich fühlte sie sich dazu bereit. Sie bat Michael, sie zu beschützen und ging energisch ins Zimmer ihres Chefs. Sie setzte sich und sagte ihrem Chef alles, was ihr am Herzen lag: Dass alle sein brutales Verhalten und seine laute Stimme, seine Aggressivität und seine Erniedrigungen hassten. Ihr Chef war verblüfft. So etwas hatte ihm noch keiner gesagt. Natalie dachte, er würde wütend und erwartete schon, am Ende des Gesprächs arbeitslos zu sein. Stattdessen aber hörte er ihr mehrere Minuten lang schweigend zu; dann stiegen ihm Tränen in die Augen, und er entschuldigte sich für sein Verhalten. Er bat sie, ihm dabei zu helfen, dass er seine Fehler überwinden und ein besserer Vorgesetzter werden könnte. Es war nicht leicht, aber mit ihrer Hilfe benahm er sich allmählich wie ein normaler Mensch und schrieb ihr ein ausgezeichnetes Zeugnis, als sie die Firma verließ, um sich selbstständig zu machen.

Natalie schreibt die Veränderung in ihrem Chef Michael zu. „Wenn er mir nicht den Mut gegeben hätte, ihm gegenüberzutreten, hätte er sich nie verändert. Aber auch ich habe mich verändert. Seit diesem Erlebnis lasse ich mich von niemandem mehr einschüchtern, denn ich weiß, dass Michael da ist und mir hilft."

Im Laufe der Jahre habe ich sehr viele Beratungsgespräche geführt. Vor einigen Jahren kam ein ehemaliger Pastor zu mir, der seinen Glauben verloren hatte. Er gab seine Gemeinde auf, zog in eine andere Stadt und verkaufte Lebensversicherungen. Aber er hatte weder damit Erfolg noch mit den vielen anderen Jobs, in denen er sich versuchte. Noch weiter bergab ging es mit ihm, als seine Frau ihn eines Tages wegen eines Mannes verließ, mit dem sie eine Affäre gehabt hatte, ausgerechnet in dem Moment, als die Bank seine Hypothek kündigte. Er war so niedergeschlagen, dass er kurz vor dem Selbstmord stand.

In einer unserer Sitzungen erwähnte ich beiläufig die Erzengel. Er sagte mir, dass er trotz seines verlorenen Glaubens zuweilen die Gegenwart von Engeln spüre und den Eindruck habe, sie beschützten ihn. Das war der Einstieg, den ich benötigte. Ich schlug ihm vor, Michael anzurufen und ihn um den Mut und die Kraft zu bitten, die er benötigte, um seine Probleme zu überwinden und noch einmal von vorne anzufangen.

Insgeheim bezweifelte ich, dass er es tun würde. Eine Woche später jedoch erschien er zu seinem Termin viel ordentlicher und aufgeräumter als bei den vorigen Malen. Er war immer noch depressiv, hatte aber offensichtlich große Fortschritte gemacht, seit ich ihn zum letzten Mal gesehen hatte. Mit Michaels Hilfe ging es allmählich vorwärts. Als ich ihn das letzte Mal sah, hatte er eine neue Beziehung, seinen Glauben wiedergefunden und eine Vollzeitstelle in der Arbeit mit gefährdeten Jugendlichen. Nichts davon wäre geschehen, hätte er Michael nicht um den Mut und die Kraft gebeten, die er benötigte.

Einer meiner alten Schulfreunde wurde in der Schule immer aufgezogen. Er war unbeholfen, unsportlich und geradezu schmerzhaft schüchtern. Anfang zwanzig belegte er mehrere Kurse zur Stärkung des Selbstvertrauens, allerdings mit wenig Erfolg. Die große Veränderung in seinem Leben trat ein, als er schon fast dreißig Jahre alt war. Er begegnete einer jungen Frau, die er anziehend fand, aber er war zu schüchtern, um sie anzusprechen. Ich führte ein Ritual mit ihm durch, in dem ich Michael bat, meinem Freund das Selbstvertrauen, die Kraft und den Mut zu geben, sie anzusprechen. Dass er nun zum ersten Mal eine Freundin hatte, wirkte wahre Wunder, was sein Selbstwertgefühl anbelangte. Sobald er erst einmal entdeckt hatte, dass er Michael immer anrufen konnte, wenn es nötig war, spornte er sich selbst zusehends an, und heute zeigt er keine Spur mehr von der Schüchternheit und Introvertiertheit, die ihn so lange behinderte.

Im Laufe der Jahre habe ich viele Menschen mit einem Suchtproblem beraten. In vielen Fällen machte die Bitte an Michael, ihnen die Kraft und den Mut zur Überwindung ihrer Schwierigkeiten zu geben, den Unterschied zwischen Erfolg und Scheitern aus.

Michael hilft auch bei Beziehungsproblemen. Manchmal rät er den Menschen, zusammen zu bleiben und ihre Schwierigkeiten gemeinsam zu bewältigen. Er wird aber auch dazu ermutigen, die Beziehung zu beenden, wenn dies die beste Lösung ist.

Luanne ist eine attraktive Frau Anfang dreißig. Noch als Teenager begegnete sie einem jungen Mann in ihrem Alter, und ein paar Jahre später heirateten sie. Schon bald folgten zwei Kinder. Ihr Mann hatte keine Ausbildung, und so hangelte sich die Familie mit Mühe und Not von einem Gehalts-Scheck zum nächsten. Ihr Mann fing an zu trinken und schob die Schuld an seinen Problemen stets anderen zu. Schließlich wurde es Luanne zu viel, und sie verließ ihn mit den Kindern. Ihr Mann bat sie inständig, zu ihm zurückzukehren, und mit großen Vorbehalten tat sie es. Ein paar Monate lang war alles bestens, aber dann begann der Zyklus von neuem. Luanne verließ ihn noch mehrere Male und kehrte immer wieder zu ihm zurück, bis sie endlich Michael bat, ihr die Kraft zu geben, sich dauerhaft zu trennen. Ihr Mann wollte nicht akzeptieren, dass die Beziehung beendet war und drohte damit, sich, Luanne und die Kinder umzubringen. Zum Glück schenkte Michael Luanne die Kraft, zu sich und ihren Kindern zu stehen. Sie weigerte sich, zu ihm zurückzukehren und endlich, als es bereits viel zu spät war, erkannte ihr Mann, was er angerichtet hatte.

Als ich an diesem Kapitel schrieb, begegnete ich jemandem, der Michael um Hilfe bei einem Einstellungsgespräch gebeten hatte. Millard war ganz offensichtlich vor solchen Gesprächen schrecklich nervös, und das hatte ihn in der Vergangenheit viele interessante Stellen gekostet. Nun war er fest entschlossen, dass so etwas nicht mehr vorkommen sollte. Deshalb bat er Michael um den erforderlichen Mut und die Kraft, das Gespräch gut zu führen. Das funktionierte sogar weit besser, als er erwartet hatte, und Millard ist heute glücklich mit seiner neuen Stelle, obwohl er es kaum fassen kann, dass er nicht früher daran gedacht hatte, Michael um Hilfe zu bitten.

Wir können Michael immer, wenn es erforderlich ist, um Mut und Kraft bitten. Natürlich ist es besser, im Voraus um Hilfe zu bitten, aber es gibt durchaus Situationen, in denen man sofortige Hilfe benötigt.

In einer solchen Situation war ich, als ein Hund aus einer Einfahrt rannte und anscheinend mein Auto angreifen wollte. Ich bremste, konnte ihn aber nicht mehr sehen und dachte, ich hätte ihn überfahren. Ich stieg aus und sah, dass der Hund unter dem Wagen eingeklemmt war und herzzerreißend jaulte. Ich bat Michael um Kraft und hob dann meine Seite des Wagens an, damit der Hund darunter hervorkommen konnte. Er rannte davon, offensichtlich unverletzt. Ich hatte bereits von Situationen gehört, in denen Menschen viel mehr Kraft entwickelten, als sie für möglich gehalten hätten, aber dies war das einzige Mal, dass ich es selbst erlebt habe. Ich habe Rückenbeschwerden, aber in dieser Situation hatte ich überhaupt keine Schwierigkeiten, den Wagen anzuheben. Es ist erstaunlich, was mit der Hilfe und dem Schutz der Engel möglich ist.

Bitten Sie Michael zu Ihrer Zeit an Ihrem heiligen Ort um die Kraft und den Mut, den Sie benötigen. Das können Sie tun, auch wenn gerade keine bestimmte Notwendigkeit besteht. Bitten Sie Michael um die nötige Kraft und den Mut, für sich selber einzustehen, wenn es notwendig ist, sowie allzeit für das Richtige und das Gute einzutreten zu können. Dieses Gefühl des Mutes wird zu einem Bestandteil Ihres Wesens, und Sie werden sich in jeder Situation kraftvoller und mehr als Herr der Lage fühlen.

AUFRICHTIGKEIT UND INTEGRITÄT

Sich selbst treu zu sein, ist ein wichtiger Bestandteil eines lebenswerten, glücklichen Lebens. Immer, wenn wir gegen unsere Integrität verstoßen oder nicht ganz ehrlich sind, sabotieren wir uns selbst und zeigen nicht unser wahres Wesen. Zum Glück kann Michael uns bei diesen Herausforderungen, die jeden treffen, helfen.

Eine meiner Verwandten hatte solche Angst vor Auseinandersetzungen, dass sie anderen immer zustimmte, ganz gleich, was sie wirklich dachte. Das führte dazu, dass ihr Selbstwertgefühl gegen Null ging und sie ständig mit sich im Unreinen war. Glücklicherweise lernte sie, dass sie mit Michaels Hilfe ihre wahren Gefühle ausdrücken konnte.

Als ihr Mann beim Abendessen eine politische Bemerkung machte, brachte sie es zum ersten Mal fertig, ihre eigene Meinung zu vertreten. Normalerweise hätte sie nichts gesagt, aber jetzt widersprach sie und legte ruhig die Gründe für ihre abweichende Meinung dar. Ihr Mann machte sich darüber lustig, was sie sagte. Früher hätte sie nun nachgegeben, um einen Streit zu vermeiden, aber jetzt behauptete sie sich und brachte ein überzeugendes Argument für ihre Auffassung vor. Ihr Mann war so überrascht, dass er die ganze restliche Mahlzeit über schwieg. Aus diesen kleinen Anfängen schöpfte sie Selbstvertrauen und behauptete sich allmählich in Situationen, denen Sie früher stets aus dem Weg gegangen wäre. Mit Michaels Hilfe verwandelte sich ihr Leben ganz allmählich.

Nach meinem Schulabschluss arbeitete ich ein paar Jahre lang als Handelsvertreter. Einer meiner Kollegen – ich will ihn Don nennen – erzählte mir von einem Problem, das ihn schon eine ganze Weile beschäftigte. Als er sein Gebiet übernahm, stellte ihn sein Vorgänger allen Kunden vor. In einem Hotel, in dem sie übernachtet hatten, war der Betrag auf der Quittung um etliche Dollar höher als die Summe, die sie tatsächlich bezahlt hatten. (Das war vor fünfunddreißig Jahren, und damals waren etliche Dollar eine beachtliche Menge Geld.) Don erfuhr, dass das schon seit mehreren Jahren so gehandhabt würde und allgemein üblich sei. Wenn er die Quittung bei seiner Reisekostenabrechnung vorlegte, würde er den Betrag erstattet bekommen und könnte das zusätzliche Geld in seine Tasche stecken. Bei den ersten paar Reisen in seinem Gebiet legte Don die Quittung in seiner Abrechnung vor. Ihn plagten dabei zwar Schuldgefühle, aber er wusste nicht recht, was er tun sollte. Wenn er seinen Vorgesetzten davon erzählte, geriete er selber in Schwierigkeiten, aber auch alle seine Vorgänger. Don erzählte mir die Geschichte bei einem Bier und fragte mich, was er tun solle.

„Wer wird dabei geschädigt?", fragte ich.

„Die Firma, für die wir arbeiten", erwiderte er.

„Ja", stimmte ich ihm zu. „Was du tust, ist moralisch und rechtlich falsch, weil du die Menschen beklaust, die dich bezahlen. Aber überlege doch einmal, wem du noch mehr schadest?"

Don brauchte ein halbe Minute, bis er antworten konnte. „Mir", sagte er, „ich schäme mich die ganze Zeit vor mir selber. Ich war immer ehrlich, und jetzt, ganz plötzlich, fühle ich mich schmutzig." Er stellte sein Bier ab und schüttelte mir die Hand. „Danke", sagte er. „Jetzt weiß ich, was ich tun muss."

Am nächsten Tag ging Don mit einem Entschuldigungsschreiben und einem Scheck über die zuviel erhaltene Summe zum Buchhalter der Firma. Don erwartete, dass er entlassen würde, aber die Firma schätzte seine Ehrlichkeit, und ein paar Monate später wurde er befördert.

Der Grund, warum ich diese Geschichte erzähle, ist das, was ein paar Tage nachdem Don sich seinem Fehlverhalten gestellt hatte, geschah. Er sagte mir, als er auf seine Haustür zuging, habe er einen Engel gesehen. Er war zwischen zweieinhalb und drei Metern groß und weiß gekleidet. Der Engel nickte Don zu und verschwand. Don nahm dies als Zeichen, dass ihm vergeben worden war. Damals wusste keiner von uns so viel über Engel, dass wir auch nur den blassesten Schimmer gehabt hätten, wer es war. Heute glaube ich, dass es wohl Michael gewesen sein muss.

Ich erwähnte diese Geschichte neulich im Rahmen eines Vortrages, und eine junge Frau erzählte mir etwas Ähnliches, das ihr widerfahren war. Noch in der Schule beobachtete sie eine ihrer Klassenkameradinnen beim Ladendiebstahl. Weil sie nichts unternahm, fühlte sie sich genauso schuldig, als wenn sie selbst gestohlen hätte. Sie sprach das betreffende Mädchen an, und die drohte ihr mit allen möglichen schrecklichen Konsequenzen, wenn sie irgendjemandem etwas verriete. Als sie an jenem Nachmittag zum Schulbus ging, sah sie einen großen Engel neben der Bustür stehen. Keines der anderen Kinder schien ihn zu bemerken. Er stand da und sah sie mehrere Sekunden lang an, bis er schließlich verschwand. Bis dahin hatte sie nicht gewusst, was sie tun sollte. Den Engel jedoch nahm sie zum Zeichen, dass sie ehrlich sein und die Wahrheit sagen sollte. Sie sagte dem Mädchen, das die Sachen gestohlen hatte, sie solle sie in den Laden zurückbringen. Wieder drohte ihr das Mädchen, aber dieses Mal spürte sie die Gegenwart des Engels und blieb hartnäckig. Das Mädchen brachte die Sachen zurück.

Und noch eine Geschichte wurde mir erzählt. Darin ging es um eine Frau, die herausfand, dass ihr Mann ein Verhältnis hatte. Sie wusste nicht, wie sie damit umgehen sollte und bat Michael, ihr zu helfen. In einem langen Gespräch mit Michael entdeckte sie, dass sie ihren Mann liebte und nicht wollte, dass durch diese Affäre ihre Ehe in die Brüche ginge. Es war ihr klar, dass es nie mehr so sein würde wie vorher, aber sie war bereit, ihren Teil dazu beizutragen, dass die beiden zusammenblieben. Sie bat Michael, mit ihrem Mann zu sprechen. Nur wenige Tage später beendete ihr Mann die andere Beziehung. Ganz offensichtlich hat er nie erfahren, dass Michael seine Finger dabei im Spiel hatte. Er wusste nur, dass ihn plötzlich wegen der Dinge, die er da hinter dem Rücken seiner Frau tat, heftige Schuldgefühle plagten. Er gestand ihr, was er getan hatte, und nun arbeiten beide an der Verbesserung ihrer Beziehung.

In diesem Fall gab Michael, der Erzengel der Wahrheit und der Aufrichtigkeit, dem Mann still und leise den Mut, ehrlich und treu zu sein. Michael kann in jeder Situation helfen, in der es um Wahrheit, Ehrlichkeit und Aufrichtigkeit geht. Sie brauchen ihn nur um Hilfe zu bitten.

Wir alle begegnen hin und wieder der Versuchung. Wenn das geschieht, lohnt es sich, einen Augenblick innezuhalten und Michael um Hilfe zu bitten. Bitten Sie Michael bei Ihren Ritualen und in der Zeit, die Sie an Ihrem heiligen Ort verbringen, Sie vor der Versuchung zu schützen und Ihnen zu helfen, die richtigen Entscheidungen zu treffen. Er wird Ihnen immer helfen, in jeder Lage Ihre Aufrichtigkeit und Ehrlichkeit zu bewahren.

Immer wenn Sie das Gefühl haben, dass Sie drauf und dran sind, etwas Unethisches oder Unehrliches zu tun, halten Sie einen Augenblick inne und bitten Sie Michael, die Sache für Sie zu klären. Meistens wird die Antwort auf der Hand liegen, und Sie werden Michael gar nicht erst um Rat fragen müssen. Wenn Sie aber dennoch versucht sind, es zu tun, warten Sie einen Moment und fragen Sie Michael. Er wird Ihnen jeden Rat geben, den Sie benötigen.

Michael ist stets bereit, uns zu helfen, wann immer wir seine Hilfe benötigen. Wir müssen nur fragen. Wenn Sie erst einmal erlebt haben, wie wohltuend seine Weisheit und seine Erkenntnisse sind, dann werden Sie wahrscheinlich jeden Tag mit Michael in Kontakt treten wollen. Im nächsten Kapitel sprechen wir darüber, wie und wann man dies tun kann.

4

KONTAKT MIT MICHAEL IM ALLTAG

Wenn Sie erst einmal begonnen haben, mit Michael zu kommunizieren, werden Sie sich fragen, wie Sie es fertig gebracht haben, bisher ohne seine Hilfe und seinen Schutz zu leben. Aber rufen Sie ihn nicht jedes Mal an, wenn Sie ein kleines Problem oder eine unbedeutende Schwierigkeit im Alltagsleben plagt. Zumeist werden Sie Ihre Probleme sehr gut selber oder mit der Hilfe von Freunden und Familienmitgliedern lösen können. Michael sollten Sie nur dann um Hilfe anrufen, wenn das Problem zu groß oder zu schwierig ist, als dass Sie alleine damit fertig werden könnten.

Dennoch wird es Ihnen enorm gut tun, wenn Sie jeden Tag eine kurze Einstimmung auf Michael durchführen. Ihr Alltagsleben wird dadurch deutlich leichter werden. Die meisten Menschen bitten nur in schwieriger Lage um göttliche Führung. Tatsächlich aber ist es besser, sich dies zur regelmäßigen Gewohnheit zu machen, und zwar deshalb, weil die spirituelle Verbindung durch jeden Kontakt wesentlich stärker wird.

Diese Sitzung hilft Ihnen, verschiedene Situationen zu klären, vermittelt Ihnen ein Gefühl, wohin ihr Weg geht und gibt Ihnen die Gelegenheit, Michael für seine Fürsorge und seinen Schutz zu danken. Mit jeder dieser Meditationen kommen Sie Michael näher. Eine meiner Kursteilnehmerinnen sagte, sie fühle sich bei dieser Meditation jedes Mal in Michaels Umhang eingehüllt.

DIE MICHAELS-MEDITATION

Führen Sie diese Meditation nach Möglichkeit jeden Tag um dieselbe Zeit durch. Meditieren Sie am besten abends, wenn Sie im Bett liegen. Sie können sich stattdessen aber auch vor Ihrem Altar auf den Boden legen. In den Sommermonaten meditiere ich am liebsten draußen neben meinem Orakelbaum. Es ist völlig ohne Belang, wo oder wann Sie diese Meditation ausführen.

Idealerweise befinden Sie sich in einer ruhigen, besinnlichen Stimmung. Zu meinem Orakelbaum sind es etwa dreißig Minuten Fußweg, und ich empfinde diese Zeit, in der ich alleine bin, als sehr wohltuend für meine Vorbereitung auf den Kontakt mit Michael. Selbst wenn ich Michael in Innenräumen kontaktiere, gehe ich oft zuerst einmal eine Weile spazieren. Das bringt meine Seele wieder ins Gleichgewicht und schenkt mir inneren Abstand zu den üblichen Alltagsproblemen.

Machen Sie es sich so bequem wie möglich und atmen Sie mehrmals tief durch; halten Sie dabei den Atem einige Sekunden an, bevor Sie wieder ausatmen. Lassen Sie bei jedem Ausatmen eine Welle der Entspannung durch Ihren Körper strömen.

Gehen Sie im Geiste Ihren ganzen Körper durch und spüren Sie nach, ob Sie völlig entspannt sind. Lösen Sie dabei bewusst alle restliche Spannung in den verschiedenen Körperteilen. Sobald Sie völlig entspannt sind, visualisieren Sie sich als von reinem weißen Licht umgeben. Baden Sie in den heilenden Energien dieses göttlichen Lichtes.

Jetzt ist es Zeit, Michael anzurufen. Sprechen Sie laut oder in Gedanken: „Erzengel Michael, mein Schutz und Geleit. Danke, dass Du mir hilfst, ein gutes, ehrliches, lebenswertes Leben zu führen. Ich weiß alle deine Mühen um mich zu schätzen. Bitte bleibe an meiner Seite und hilf mir, beschütze und erhalte mich an jedem Tag meines Lebens."

Halten Sie inne und warten Sie auf Antwort. Worte können in Ihrem Geist auftauchen, oder vielleicht verspüren Sie ein Gefühl der Sicherheit und des Trostes. Womöglich fühlen Sie sich sogar von seinen Schwingen umfangen. Die Menschen spüren Michael auf unterschiedlichste Weise, und die Antwort, die Sie erhalten, kann immer wieder anders sein. Wenn Sie sich zum Beispiel niedergeschlagen fühlen, hören Sie vielleicht deutliche Worte des Trostes und der Unterstützung. Wenn aber alles in Ihrem Leben zum Besten steht, dann verspüren Sie womöglich einfach nur die innere Gewissheit, dass Michael bei Ihnen ist.

Wenn Michael geantwortet hat, danken Sie ihm wieder. Jetzt ist es an der Zeit, ein Gebet für Führung, Schutz oder irgendeine Form der Hilfe zu sprechen. Sie können ihn zum Beispiel bitten, Ihnen beizustehen, wenn Sie eine schwierige oder belastende Situation vor sich haben. Wenn Sie Ihre Bitte ausgesprochen haben, danken Sie ihm erneut.

Bleiben Sie noch ein bis zwei Minuten ruhig sitzen oder liegen, atmen Sie dann tief durch und öffnen Sie die Augen. Jetzt werden Sie erholt und mit neuer Kraft erfüllt sein sowie mit der Gewissheit, dass Michael sich weiterhin um Sie kümmert. So gestärkt, können Sie ihren alltäglichen Aufgaben nachgehen.

Alle Menschen, mit denen ich über die tägliche Kommunikation mit Michael gesprochen habe, sagen, das Wichtigste sei für sie das Bewusstsein, mit Michael stets in einer innigen Verbindung zu stehen. Mit dieser inneren Gewissheit fühlen sie sich gegen alle Schwierigkeiten gewappnet, die das Leben ihnen bringen mag.

Die tägliche Gemeinschaft mit Michael verstärkt dies. Das Ritual dauert von Anfang bis Ende vielleicht nur fünf Minuten, schenkt aber Hoffnung, Trost und Unterstützung, die das Leben sehr viel schöner gestalten. Außerdem macht es deutlich, dass wir nicht auserwählt oder gar heilig sein müssen, damit uns die Hilfe eines Erzengels zuteil wird. Michael ist bereit, uns jederzeit zu helfen, ganz gleich, was wir in der Vergangenheit getan haben.

DAS GESPRÄCH MIT MICHAEL

Mit siebzehn las ich zum ersten Mal Napoleon Hills Klassiker *Denke nach und werde reich.* In diesem Buch erklärt er, dass er regelmäßig Phantasiegespräche mit neun Menschen führte, die ihn sehr beeindruckt hatten. Abends, wenn er im Bett lag, stellte er sich vor, er säße am oberen Ende eines Tisches, zusammen mit den Menschen, die er besonders bewunderte. Über mehrere Monate hinweg wurden diese Menschen für ihn immer lebendiger, und sie gaben ihm ausgezeichnete Ratschläge. Ich habe das ausprobiert und festgestellt, dass es hervorragend funktioniert. Damals interessierte ich mich besonders für Musik und erlebte viele schöne Gespräche mit berühmten Komponisten.

Eines Tages kam mir der Gedanke, dass dies, wenn es denn so gut mit berühmten Persönlichkeiten aus der Geschichte funktionierte, eigentlich auch mit den Bewohnern des Engelreichs funktionieren müsste. So nahm ich regelmäßige Gespräche mit meinem Schutzengel auf. Eines abends begann ich dieses Ritual, mit einer ganzen Reihe von Problemen im Kopf. Ich bat meinen Schutzengel, einen Erzengel zu uns einzuladen, weil ich das Gefühl hatte, der könnte mir tiefere Erkenntnisse zu meinen Schwierigkeiten vermitteln. Auf der Stelle erschien Michael, und seither habe ich viele lange Gespräche mit ihm genossen.

Im Laufe der Jahre habe ich vielen Menschen von diesen Gesprächen erzählt, und üblicherweise lautet die Antwort, solche Gespräche seien nicht real, sondern einfach ein Produkt meiner Phantasie. Am Anfang war das auch ganz eindeutig so. Ich schloss die Augen und stellte mir vor, ich sei im Gespräch mit Michael. Nach einer Weile wurden diese Gespräche für mich jedoch so real und so wichtig, dass ich unbedingt wissen wollte, ob sie nun echt seien oder nicht. Ich war mir sicher, dass sie das waren, denn ich konnte jedes Mal Michaels Gegenwart spüren.

Deshalb begann ich, Michael zu Themen zu befragen, von denen ich nicht das Geringste wusste, und zwar in der Absicht, alles im Nachhinein zu überprüfen. Michael nahm das mit Humor und fragte mich, warum ich denn nach einer Bestätigung suchte.

„Die Tatsache, dass wir uns unterhalten, genügt doch sicher", sagte er mir.

Das musste ich zugeben, und so gab ich das Thema auf. Am nächsten Morgen jedoch fand ich eine kleine weiße Feder neben meinem Bett.

Deshalb glaube ich zwar, dass diese Gespräche real sind, kann es jedoch nicht beweisen. Aber das ist nicht weiter wichtig, denn ich empfinde sie als nützliche und äußerst angenehme Art, Erkenntnisse über Probleme und Schwierigkeiten zu gewinnen, die ansonsten kaum lösbar wären.

Vier Schritte führen zum Gespräch mit Michael:

1. Gönnen Sie sich mindestens dreißig Minuten, in denen Sie ungestört sind. Ich rede nachts im Bett mit Michael. Sie können aber zu jeder beliebigen Zeit mit ihm sprechen. Achten Sie darauf, dass es im Zimmer warm ist und Sie es bequem haben.

2. Schließen Sie die Augen und atmen Sie mehrmals langsam und tief durch. Stellen Sie sich vor Ihrem geistigen Auge eine angenehme Umgebung vor. Diese kann real oder erfunden sein. Ich denke mir immer wieder eine andere Umgebung aus, aber meist ist es eine schöne Wiese, durch die ein Fluss fließt. In meiner Phantasie überquere ich die Wiese und lege mich am Flussufer unter einen Baum.

3. Entspannen Sie sich in dieser Umgebung und visualisieren Sie, dass Michael zu Ihnen kommt. Sie begrüßen einander wie alte Freunde, was Sie ja auch sind, und er setzt sich neben Sie. Er fragt Sie, wie es Ihnen geht, und dann schütten Sie Ihr Herz aus und sagen ihm alles, was Sie gerade beschäftigt. Michael hört mitfühlend zu, nickt hin und wieder oder lächelt. Wenn Sie fertig sind, stellt er viel-

leicht ein oder zwei Fragen und macht dann Vorschläge. Sprechen Sie weiter mit ihm, bis er Lösungsvorschläge oder eine Hilfe bei all Ihren Problemen angeboten hat.

4. Wenn Sie zum Ende gekommen sind, nehmen Sie Michaels Hände und danken Sie ihm für seine Hilfe und seine Freundschaft. Schauen Sie ihm nach, wenn er geht. Verlassen Sie dann Ihre Phantasielandschaft und kehren Sie in die Gegenwart zurück. Atmen Sie ein paar Mal tief durch und öffnen Sie die Augen.

Sie werden diese Übung bald als sehr lohnend und anregend empfinden. So können Sie eine sehr enge Beziehung mit Michael aufbauen. Sie wirkt wie ein tiefes Gespräch zwischen Freunden. Im Laufe der Gespräche werden Michaels Persönlichkeit und sein Sinn für Humor deutlich hervortreten. Sie werden lächeln, wenn Sie daran denken, was er bei Ihren Sitzungen gesagt und getan hat. Das Wichtigste aber ist, dass Sie die Hilfe und den Rat, den Sie dabei erhalten, als unschätzbar wertvoll empfinden werden.

Es gibt überhaupt keinen Grund, warum Sie nicht täglich mit Michael sprechen sollten, wenn Sie das möchten. Manchmal rede ich ein oder zwei Wochen lang jeden Tag mit ihm und danach erst wieder einen Monat später. Es hängt immer davon ab, was gerade bei mir los ist.

Es gibt auch eine ganze Reihe traditioneller Methoden, mit denen man ebenfalls Kontakt zu Engeln und Erzengeln aufnehmen kann. Eine Methode, die ich sehr hilfreich finde, ist die uralte Kunst des Kerzenentzündens.

5

DIE MAGISCHE KRAFT DER KERZEN

Das Kerzenentzünden ist eine uralte Kunst, die den Lauf der Zeit überdauert hat. Kerzen sehen schön aus, bringen den Geist zur Ruhe und fördern die Konzentration.

Kerzen sind romantisch, stimmungsvoll, farbenfroh und trostspendend. Kein Wunder sind sie immer noch beliebt, auch wenn die meisten Menschen heute einfach auf einen Schalter drücken, um Licht zu haben. Ein weiterer großer Vorteil der Kerzen ist, dass sie den Engeln sagen, wann wir bereit sind, mit ihnen zu arbeiten.

Eine brennende Kerze schickt sofort eine Botschaft an Michael, Raphael, Gabriel und Uriel. Eine Kerze, die nicht brennt, steht für das Element Erde, wird sie aber angezündet, symbolisiert sie alle vier Elemente: Feuer (Michael), Erde (Uriel), Luft (Raphael) und Wasser (Gabriel). Die Flamme steht natürlich in Beziehung zum Element Feuer, der Rauch zum Element Luft und das schmelzende Wachs symbolisiert das Element Wasser. Die Kerze selber steht für Erde.

Demzufolge stehen die vier Erzengel auch in Beziehung zu den vier Triplizitäten der Astrologie:

Widder, Löwe und Schütze sind Feuer-Zeichen (Michael)

Stier, Jungfrau und Steinbock sind Erdzeichen (Uriel)

Zwillinge, Waage und Wassermann sind Luftzeichen (Raphael)

Krebs, Skorpion und Fische sind Wasserzeichen (Gabriel)

Die vier Triplizitäten und die vier Elemente sind den Cherubim eng verbunden, die Hesekiel in seiner Vision sah (Hesekiel 1, 4-28). Hesekiel sah vier Lebewesen, die jeweils vier Gesichter hatten – das Gesicht eines Menschen, eines Löwen, eines Stiers und eines Adlers. Dies kann man folgendermaßen deuten:

Das Gesicht des Menschen steht in Bezug zum Sternzeichen Wassermann und zum Element Luft.

Das Gesicht des Löwen steht in Bezug zum Sternzeichen Löwe und zum Element Feuer.

Das Gesicht des Stiers steht in Bezug zum Sternzeichen Stier und zum Element Erde.

Das Gesicht des Adlers steht in Bezug zum Sternzeichen Skorpion und zum Element Wasser.

Wie wir bereits wissen, betreuen die vier Erzengel auch die vier Himmelsrichtungen. Wenn wir das alles kombinieren und die klassischen Farben für jedes Sternzeichen hinzufügen, dann erhalten wir:

Widder .... Feuer, Süden, Michael, Rot, Purpur.

Stier .... Erde, Norden, Uriel, Grün.

Zwillinge .... Luft, Osten, Raphael, Gelb, Braun.

Krebs .... Wasser, Westen, Gabriel, Silber, Weiß.

Löwe .... Feuer, Süden, Michael, Gold, Gelb.

Jungfrau .... Erde, Norden, Uriel, Braun.

Waage .... Luft, Osten, Raphael, Blau, Grün.

Skorpion .... Wasser, Westen, Gabriel, Tiefrot.

Schütze .... Feuer, Süden, Michael, Lila.

Steinbock .... Erde, Norden, Uriel, Schwarz.

Wassermann .... Luft, Osten, Raphael, Blau, Grau.

Fische .... Wasser, Westen, Gabriel, Violett, Blau.

Michael wird traditionell dem Sternzeichen Löwe und der Farbe Gold zugeordnet. Deshalb kann man für ihn eine goldene Kerze verwenden. Zünden Sie eine goldene Kerze auf Ihrem Altar an, wann immer Sie möchten. Sie brauchen sich allerdings noch nicht einmal auf Ihren Altar zu beschränken, goldene Kerzen können Sie überall anzünden.

Sie können auch eine Kerze in der Farbe Ihres Sternzeichens wählen, die für Sie selbst stehen soll. Als Wassermann würden Sie zum Beispiel eine blaue oder graue Kerze als Symbol für sich selbst aussuchen. Sie könnten also auf Ihrem Altar ein Ritual mit einer goldenen Kerze (Michael) und einer blauen Kerze (Sie) entwerfen.

Außerdem können Sie, wenn Sie wollen, noch eine Kerze hinzufügen, die farblich auf Ihre Bitte abgestimmt ist. Im Folgenden eine Liste der Kerzenfarben und der ihnen zugeschriebenen Eigenschaften:

Rot ....Mut, Kraft, Begeisterung, Liebe, Sex.

Orange .....Ehrlichkeit, Integrität, Attraktivität,
Anpassungsfähigkeit.

Gelb ....Kraft, Kommunikation, Freundschaft.

Grün ....Heilung, Fruchtbarkeit, Wahrheit, Glück
(als Ereignis und als Gefühl).

Blau ....Ehrlichkeit, Aufrichtigkeit, Bedachtsamkeit,
Spiritualität.

Indigo ....Frömmigkeit, Glaube, Wahrheit, Humanität.

Violett ......Spiritualität, Macht, Ehrgeiz, Heilung.

Weiß ....Reinheit, Ehrlichkeit, Unschuld, Wahrheit.

Rosa ....Liebe, Ehe, Zärtlichkeit, Schönheit, Hoffnung.

Grau ....Weisheit, Reife, gesunder Menschenverstand.

Braun ....Sinn fürs Praktische, Bodenständigkeit,
steter Fortschritt.

Geht es in Ihrem Ritual zum Beispiel um Schutz, können Sie eine rote oder gelbe Kerze wählen. Geht es um Wahrheit und Integrität, würden Sie sich wohl für Orange, Grün, Blau, Indigo oder Weiß entscheiden.

Die Anzahl der Kerzen, die Sie einsetzen können, ist nicht begrenzt. Dennoch ist weniger meist mehr, und eine einzelne weiße

Kerze kann für alles eingesetzt werden. In meinen Ritualen verwende ich häufig eine, zwei oder drei Kerzen, selten mehr. Vor vielen Jahren sah ich den Film *Carrie*[51], in dem lächerlich viele Kerzen verwendet wurden. Dutzende von Kerzen bringen keinerlei Vorteile, sie stellen höchstens eine akute Brandgefahr dar.

DIE KERZEN SALBEN

Ihre Kerzen sollten geölt oder gesalbt werden, bevor Sie sie für ein Ritual verwenden. Für unterschiedliche Zwecke sind verschiedene Öle erhältlich. Sie brauchen aber keine seltsamen, exotischen Öle aufzutreiben. In der Praxis habe ich festgestellt, dass das beste Olivenöl, das man bekommen kann, sich ganz ausgezeichnet für alles eignet.

Tragen Sie zunächst etwas Öl auf beide Hände auf und reiben Sie dann die Hände aneinander. Fassen Sie nun die Kerze in der Mitte und streichen Sie das Öl von der Mitte aus zum Docht hin auf. Streichen Sie nur in Aufwärtsbewegungen. Ist die obere Hälfte der Kerze vollständig gesalbt, verfahren Sie nun mit der unteren Hälfte entsprechend, wobei Sie von der Mitte zum Ende hin streichen.

Denken Sie dabei an den Grund, warum Sie dies tun. Dies überträgt Ihre Intention auf die Kerze.

DIE KERZE UMWINDEN

Dies ist der abschließende Schritt der Vorbereitungen. Halten Sie die Kerze in der Hand und denken Sie daran, wofür Sie sie verwenden wollen. Winden Sie ein schmales Bändchen, von unten beginnend, bis zur Spitze um die Kerze. Dies bindet Ihre Intention in die Kerze ein. Wenn Sie das bei allen Kerzen getan haben, die Sie verwenden möchten, können Sie mit Ihrem Ritual beginnen.

51 Nach dem gleichnamigen Buch von Stephen King, Regie: Brian de Palma, 1975, Anm. d. Ü.

DIE BITTE AN MICHAEL

Dies ist eine Ritual-Vorlage, die Sie ganz nach eigenen Wünschen und Bedürfnissen umgestalten können. Nehmen wir einmal an, Sie sind im Sternzeichen Zwillinge geboren. Sie haben etwas getan, wofür Sie sich schämen und möchten die Sache mit Michael besprechen.

Ölen und umwinden Sie drei Kerzen – eine goldene für Michael, eine gelbe für Sie und eine blaue als Symbol der Ehrlichkeit.

Platzieren Sie diese Kerzen auf Ihrem Altar. Die goldene Kerze sollte in der Mitte stehen, die gelbe auf der linken und die blaue auf der rechten Seite. Zünden Sie zuerst die goldene Kerze an, dann die gelbe und danach die blaue.

Knien oder sitzen Sie vor Ihrem Altar und betrachten Sie die brennenden Kerzen. Bitten Sie Michael nach ein oder zwei Minuten, zu Ihnen zu kommen. Sie können etwa laut sagen: „Erzengel Michael, bitte komme mir zu Hilfe. Ich habe etwas Falsches getan und benötige deine Hilfe. Bitte hilf mir, mich zu entscheiden, was ich tun soll."

Betrachten Sie weiter die Kerzen und schauen Sie dabei besonders in die Flamme der goldenen Kerze. Warten Sie hoffnungsvoll. Nach einer Weile werden Sie auf irgendeine Weise bemerken, dass Michael bei Ihnen ist. Vielleicht flackern die Kerzen, vielleicht verändert sich die Raumtemperatur oder vielleicht verspüren Sie lediglich die innere Gewissheit, dass er da ist.

Sobald Sie wissen, dass er gekommen ist, können Sie mit ihm sprechen. Erzählen Sie ihm genau, was geschehen ist. Sie brauchen dabei weder in eine formale noch in eine altmodische Sprache zu verfallen. Sprechen Sie mit ihm wie mit einem alten Freund. In dem erwähnten Beispiel könnten Sie sagen: „Erzengel Michael, ich habe etwas sehr Dummes getan, und jetzt weiß ich nicht, was ich machen soll. Ich stand beim Wasserspender, und eine Gruppe von Kollegen fing an, über Sonja zu lästern. Wir haben gelacht und unschöne Dinge über sie gesagt. Aber es war nicht böse gemeint, wirklich. Dabei haben wir alle Dinge gesagt, die man eigentlich nicht sagen sollte. Und dann hat es jemand Sonja erzählt. Ich fühle mich echt mies. Ich weiß ja, ich sollte mich bei ihr entschuldigen. Aber was ist, wenn ich dadurch alles nur noch schlimmer mache? Was, wenn Sie wütend ist oder nicht mit mir sprechen will? Was soll ich bloß tun?"

Wenn Sie die Lage erklärt haben, bleiben Sie still sitzen und warten auf Michaels Antwort. Es kann sein, dass Sie Worte in Ihrem Kopf hören oder plötzlich wissen, was Sie tun sollen. Häufig werden Sie nicht sofort Antwort erhalten. In diesem Fall kommt die Antwort dann, wenn Michael dazu bereit ist.

Was immer an dieser Stelle auch geschieht, beenden Sie das Ritual mit einem Dank an Michael für seine Hilfe und seinen Trost. Sie könnten etwa sagen: „Danke, Michael. Ich schätze es, dass du dir die Zeit nimmst, mir zuzuhören. Ich weiß, ich habe mich schlecht benommen, aber ich will es wiedergutmachen und mich künftig so verhalten, dass du stolz auf mich sein kannst. Danke, Michael. Auf Wiedersehen." Lassen Sie noch etwa eine halbe Minute verstreichen und löschen Sie dann die Kerzen, zuletzt die, die Michael symbolisiert.

Natürlich werden Sie dem Rat folgen müssen, den Michael Ihnen gegeben hat. In diesem Beispiel lautet er wahrscheinlich, sich bei Sonja zu entschuldigen. Seien Sie sicher, dass jeder Rat, den Michael Ihnen gibt, immer zum Besten aller Beteiligten sein wird. Er wird es Ihnen nicht leicht machen, aber dafür sorgen, dass Sie Ihr Leben mit Integrität und Ehrenhaftigkeit führen können.

Dieses Ritual wurde mit drei Kerzen ausgeführt, einer für Michael, einer für Sie und einer für den Zweck des Rituals. Sie könnten es auch mit zwei Kerzen durchführen, einer für Sie und einer für Michael. Ebenso gut können Sie nur eine Kerze einsetzen, die dann Michael symbolisiert. Lassen Sie sich dabei einfach von Ihrem Gefühl leiten.

EIN BRIEF AN MICHAEL

Bei einer weiteren Möglichkeit, zur Kontaktaufnahme mit Michael Kerzen einzusetzen, schreibt man ihm einen Brief. Niemand wird diesen Brief je zu Gesicht bekommen, deshalb können Sie schreiben, was Sie wollen. Achten Sie darauf, dass Sie genügend Einzelheiten schildern und deutlich erklären, was Sie von Michael möchten. Wenn Sie mit dem Brief fertig sind, stecken Sie ihn in einen Umschlag und verschließen ihn.

Auch hier können Sie wieder so viele oder so wenige Kerzen verwenden, wie Sie möchten. Setzen Sie sich vor Ihren Altar und schauen Sie in die Kerze(n). Halten Sie den Brief in Händen und denken Sie an den Grund, warum Sie ihn geschrieben haben. Sobald Sie bereit sind, entzünden Sie den Brief an der Kerze, die Michael symbolisiert, und verbrennen Sie ihn. Denken Sie währenddessen an Ihre Bitte. Wenn der Brief völlig verschwunden ist, danken Sie Michael, dass er Ihnen geholfen hat, und löschen Sie die Kerzen. Gehen Sie wieder Ihrer normalen Tätigkeit nach und vertrauen Sie darauf, dass Michael sich der Sache in Ihrem Sinne annehmen wird.

Sie können auch einen Brief verbrennen, wenn Sie jemandem etwas sagen möchten, sich aber nicht in der Lage fühlen, selbst mit der Person zu sprechen. Schreiben Sie den Brief an diesen Menschen, stecken Sie ihn in einen Umschlag und verschließen und adressieren Sie diesen.

Zünden Sie eine Kerze als Symbol für Michael an. Bitten Sie ihn, den Brief dem Schutzengel dieses Menschen zu übergeben. Sobald Sie eine bejahende Antwort von Michael spüren, verbrennen Sie den Brief in dem Vertrauen, dass er ihn dem Schutzengel der betreffenden Person übergeben wird, der wiederum die Nachricht für Sie an die Person übermittelt.

Es wird allerdings vorkommen, dass Michael dieser Bitte nicht entspricht. In solchen Fällen lehrt er Sie Tapferkeit. Sie werden dann den Brief mit der Post schicken oder auf andere Weise mit dem betreffenden Menschen Verbindung aufnehmen müssen.

Natürlich verändert dies das Ritual erheblich. Wenn dies geschieht, so bitten Sie Michael um den notwendigen Mut und die Kraft, das zu tun, was er vorschlägt. Das mag schwierig werden, aber im Nachhinein werden Sie ihm dafür dankbar sein, dass er Sie gezwungen hat, ehrenhaft und korrekt zu handeln.

KERZEN ZUM SCHUTZ

Astrale Angriffe sind glücklicherweise ein recht seltenes Phänomen, aber sie können vorkommen. Sich mit einem Kreis brennender Kerzen zu umgeben, ist ein wirksames Gegenmittel, denn Kerzen symbolisieren Licht und halten die schwarze Magie ab, die auf einen gerichtet wurde.

Wahrscheinlich werden Sie Kerzen aber eher zu anderen Schutzzwecken anzünden. Sie brauchen etwas Platz, denn dabei werden Sie in einem Kreis aus mindestens vier Kerzen sitzen. Wählen Sie dazu weiße Kerzen; Sie können aber auch eine goldene für Michael hinzutun, wenn Sie möchten. Wenn Sie eine goldene Kerze verwenden, stellen Sie sie an die südlichste Stelle des Kreises.

Zünden Sie für Ihren Kreis so viele Kerzen an, wie Sie möchten, behalten Sie aber drei weiße, nicht angezündete Kerzen für die Kreismitte übrig. Stellen Sie sich mit dem Gesicht nach Osten in den Kreis. Bitten Sie mit deutlich vernehmbarer Stimme Raphael um seinen Schutz. Sie könnten sagen: „Erzengel Raphael, ich brauche deine Hilfe.“ Wenden Sie sich nun nach Süden, und bitten Sie Michael um seine Hilfe und seinen Schutz. Wenden Sie sich danach nach Westen, und bitten Sie Gabriel um seinen Schutz. Wenden Sie sich anschließend nach Norden, und bitten Sie Uriel um seinen

Schutz. Visualisieren Sie diese vier Erzengel, wie sie mit ausgebreiteten Schwingen um Ihren Kerzenkreis herumstehen, bereit, Ihnen Hilfe und Schutz zu gewähren.

Wenden Sie sich wieder nach Süden, so dass Sie Michael gegenüberstehen. Nehmen Sie eine der nicht angezündeten Kerzen, zünden Sie sie an, halten Sie sie etwa in Brusthöhe vor sich und sprechen Sie: „Michael, Engel des Lichtes und Beschützer der Menschheit. Behüte mich vor der Dunkelheit und lasse mich im Licht bleiben. Diese kleine Kerze ist ein Symbol deiner Energie. Mit deiner Hilfe fürchte ich mich nicht vor dem Bösen und verbleibe immer im Licht."

Setzen Sie sich im Kreis mit dem Gesicht nach Süden und stecken Sie die Kerze in einen Kerzenhalter. Entzünden Sie noch im Sitzen eine zweite Kerze, um Ihren Schutz symbolisch zu verdoppeln. Entzünden Sie die dritte Kerze, um ihn zu verdreifachen. Stecken Sie auch diese Kerzen in einen Kerzenhalter. Strecken Sie die Hände in einer flehentlichen Geste aus und danken Sie Michael für seine Hilfe und seinen Schutz.

Bleiben Sie so lange im Kerzenkreis sitzen, wie Sie möchten. Sobald Sie bereit sind, stehen Sie auf und verneigen Sie sich vor Raphael im Osten. Danken Sie ihm dabei für seinen Schutz. Wiederholen Sie dies für Michael, Gabriel und Uriel. Löschen Sie nun, beginnend im Osten, im Uhrzeigersinn alle Kerzen.

ANDERE SCHÜTZEN

Mit der Hilfe Michaels können Sie die unglaubliche Kraft der Kerzen nutzen, um anderen Schutz zu senden. Stellen Sie eine weiße oder goldene Kerze auf Ihren Altar. Zünden Sie sie an und schauen Sie ein paar Sekunden lang in die Flamme. Setzen Sie sich dann davor hin.

Denken Sie an den oder die Menschen, denen Sie Michaels Schutz senden wollen. Versuchen Sie, im Geiste ihr Bild über die flackernde

Kerzenflamme zu legen. Rufen Sie Michael. Sie könnten sagen: „Erzengel Michael, mein Schutz und mein Geleit, bitte komm zu mir." Warten Sie, bis Sie seine Gegenwart spüren. „Erzengel Michael, danke, dass du meinen Ruf erhört hast. Ich brauche deine Hilfe. Mein Freund Soundso braucht dringend Schutz. Würdest du ihm bitte helfen?"

Warten Sie auf eine Antwort und danken Sie ihm dann herzlich. Visualisieren Sie Ihren Freund als von einem klaren, schützenden weißen Licht umgeben. Lassen Sie den Lichtkreis allmählich immer weiter werden, bis Sie sich beide in seinem Inneren befinden. Danken Sie Michael erneut. Löschen Sie die Kerze und gehen Sie wieder Ihrer normalen Tätigkeit nach.

ANDEREN VERGEBEN

Ich bezweifele, dass man durchs Leben gehen kann, ohne je von jemandem verletzt zu werden. Oft kommen diese Verletzungen von den Menschen, die wir am meisten lieben. Ein solcher Affront geschieht oft unabsichtlich, aber wir können ihn einfach nicht vergessen und machen ihn innerlich immer schlimmer. Jedes Mal, wenn wir uns den schmerzlichen Vorfall wieder vor Augen führen, schnürt es uns den Magen zu. Nachts können wir nicht schlafen und sinnen darüber nach, wie wir eigentlich hätten reagieren sollen. Selbst wenn derjenige, der uns verletzt hat, den Vorfall längst vergessen hat, nach Wochen, Monaten oder sogar Jahren, leiden wir immer noch darunter.

Natürlich wäre es klug, dem Menschen, der uns verletzt hat, zu verzeihen und dann loszulassen, aber das ist nicht leicht. Dennoch ist es entscheidend! Das emotionale Leiden hält so lange an, bis wir uns entschließen, es loszulassen. Glücklicherweise kann Michael uns dabei helfen, dass uns dies gelingt.

Sie brauchen dazu eine weiße Kerze und etwas zum Schreiben. Wenn Sie bereit sind, dass Sie dem Menschen vergeben können, der Ihnen Schmerz zugefügt hat, stellen Sie eine weiße Kerze in die Mitte Ihres Altars und legen Sie Papier und Stift davor. Zünden Sie die Kerze an und setzen Sie sich vor Ihren Altar. Schauen Sie in die flackernde Flamme und denken Sie an den Menschen, der Sie verletzt hat.

Erkennen Sie, dass wir alle jeden Augenblick das Beste tun, dessen wir fähig sind. Was der andere Ihnen angetan hat, war schlimm; aber es ist geschehen. Sie vergeben ihm oder ihr zwar, aber Sie erlauben damit nicht, dass sich so etwas in Zukunft wiederholt. Denken Sie daran, was Ihnen wirklich angetan wurde. Das soll nun vergeben werden. Natürlich haben Sie deshalb gelitten, aber Ihre Gefühle haben Sie selbst geschaffen. Der Vorfall an sich soll vergeben werden.

Es geht nicht darum zu fragen, warum der oder die Betreffende sich so verhalten hat. Selbst wenn Sie es wüssten, würde der Schmerz dadurch nicht geringer. Zumeist weiß der Mensch, der Sie verletzt hat, das ohnehin nicht einmal.

Sehen Sie auch Ihren Anteil an dem Vorfall ein. Haben Sie ihn etwa, absichtlich oder unbewusst, selbst herbeigeführt? Sind Sie geblieben, als es besser gewesen wäre zu gehen? Haben Sie verheimlicht, wie verletzt Sie waren und dem anderen gesagt, es sei alles wieder in Ordnung, obwohl dem ganz offensichtlich doch nicht so war? Wenn es nicht das erste Mal war, dass dieser Mensch Sie verletzt hat, warum haben Sie dann die Verbindung nicht längst abgebrochen? Es muss Ihnen auf irgendeine Weise auch daran gelegen gewesen sein, zu bleiben. Wenn Sie Ihren Teil der Verantwortung akzeptieren, kommen Sie aus Ihrer Opferrolle heraus.

Jetzt ist es Zeit, dem Menschen, der Sie verletzt hat, einen Brief zu schreiben. Dieser Mensch wird den Brief nie zu Gesicht bekommen, deshalb können Sie alles hineinschreiben, was Sie wollen. Erinnern

Sie sich auch an das Schöne, das Sie beide miteinander erlebt haben, wenn es das denn gab. Schreiben Sie das Schmerzliche auf, das vorgefallen ist, und sagen Sie, wie Sie sich dabei gefühlt haben. Erzählen Sie ihm oder ihr von Ihrer Wut, Ihrer Fassungslosigkeit und Ihrer Ohnmacht. Verzeihen Sie dem Menschen alles, womit er Sie verletzt hat. Schreiben Sie auch alles andere auf, was Ihnen relevant oder wichtig erscheint. Sagen Sie dem Menschen, dass Sie ihm bzw. ihr vergeben haben und bereit sind, den Vorfall oder die Vorfälle zu vergessen. Was geschehen ist, ist geschehen, aber nun gehört es der Vergangenheit an. Sie haben die Angelegenheit losgelassen und schauen nicht im Zorn zurück. Schreiben Sie alles, was Sie sonst noch schreiben möchten. Schreiben Sie am Schluss: „Ich vergebe dir bedingungslos“ und unterzeichnen Sie mit Ihrem Namen.

Lesen Sie den Brief noch ein paar Mal durch und ändern Sie, was Sie möchten. Wenn Sie das sichere Gefühl haben, dass der Brief vollständig ist und alles enthält, was Sie sagen wollten, stecken Sie ihn in einen Umschlag und schreiben Sie den Namen des Empfängers darauf. Legen Sie den Umschlag vor die Kerze auf den Altar.

Bitten Sie Michael um die Hilfe und den Schutz, die Sie benötigen, wenn Sie den Brief nun verbrennen. Warten Sie, bis Sie seine Gegenwart spüren, und zünden Sie dann den Umschlag an. Verzeihen Sie dabei dem Menschen, der Sie verletzt hat. Wenn möglich, sprechen Sie die Verzeihung laut aus. Stellen Sie sich vor, dass Ihr Ritual dem Menschen, dem Sie vergeben, nützt und er sein inakzeptables Verhalten einstellt.

Seien Sie vorsichtig, wenn Sie den Brief verbrennen. Fassen Sie ihn am besten mit einer Zange an oder legen Sie den brennenden Umschlag in eine feuerfeste Schale.

Wenn der Brief vollständig verbrannt ist, danken Sie Michael für seine Unterstützung und seine Hilfe in allen Bereichen Ihres

Lebens. Löschen Sie die weiße Kerze und gehen Sie wieder Ihrer normalen Beschäftigung nach. Sie werden sofort Veränderungen bemerken. Ohne die Last der Verbitterung werden Sie sich froher, leichter und erfüllt mit neuem Schwung fühlen.

Wenn die Vergebung einem Partner oder Verwandten gilt, werden Sie dieses Ritual vielleicht mehrfach wiederholen müssen. Zumeist ist dazu nicht mehr nötig, als den Vorfall zu vergeben und diese Vergebung ins Universum auszusenden. Waren Sie jedoch fortdauernder Gewalt ausgesetzt, kann es sein, dass Sie das Ritual regelmäßig durchführen müssen, um das gewünschte Ergebnis zu erzielen. Bitten Sie Michael in Ihrer stillen Zeit mit ihm um Rat, wie oft Sie das Ritual wiederholen sollten.

Alles, was wir tun, hat eine Wirkung, im Guten wie im Schlechten. Anderen zu vergeben, tut uns selber gut und mildert die karmischen Folgen für den Menschen, der uns verletzt hat. Michael kann uns helfen, mit unserem eigenen Karma fertig zu werden. Dies ist das Thema des nächsten Kapitels.

6

KARMA

Karma ist das Gesetz von Ursache und Wirkung. Es bedeutet, dass alles, was wir denken oder tun, später seine Wirkung hat. Eine gute Tat, die wir heute begehen, führt dazu, dass in der Zukunft etwas Schönes geschieht. Etwas Schlechtes, das wir heute tun, wird zu einem negativen Erlebnis in der Zukunft führen. Was uns in der Zukunft passiert, hat seine Ursache in unserem Verhalten in der Vergangenheit. Das Gesetz ist vollkommen unparteiisch.

Komplizierter wird das Ganze durch Karma, das wir aus früheren Inkarnationen mit in dieses Leben gebracht haben. Das Leben erscheint uns deshalb manchmal unfair, weil wir zumeist keine Erinnerung an unsere früheren Leben haben. Dies erklärt auch, dass zuweilen guten, anständigen Menschen Schlimmes widerfährt.

Karma ist in Wirklichkeit ein Lernprozess. Es sollte nicht als Methode „Auge um Auge, Zahn um Zahn“ verstanden werden. Vielmehr sorgt es für höchste, absolute Gerechtigkeit für jedermann. Sobald wir erst einmal verstehen, dass wir alles Übel, dem wir im Leben begegnen, selber verursacht haben, können wir etwas dagegen tun. Michael ist bereit, uns dabei zu helfen, dass wir das allem zugrunde liegende Muster erkennen können und uns bewusst werden, was wir tun.

Jeden Tag schafft alles, was wir denken und tun, entweder gutes oder schlechtes Karma. Wir könnten deshalb glauben, die Lage sei sowieso hoffnungslos und gleich aufgeben. Aber das hilft überhaupt nichts, weil wir vor unserer Inkarnation beschlossen haben, der

– oder diejenige zu sein, der oder die wir sind. Hätten wir diesen Entschluss nicht gefasst, wären wir jetzt nicht hier. Natürlich können wir uns an diese Entscheidung nicht mehr erinnern, weil wir jetzt in einen physischen Körper mit einem menschlichen Gehirn eingesperrt sind. Wir sind in diese Inkarnation eingetreten, um zu lernen und an Wissen und Weisheit zu wachsen. Dazu gehört, dass wir Michael bitten, uns beim Lösen karmischer Fragen zu helfen.

Alle Erzengel können uns helfen, karmische Fragen zu lösen. Michael hat jedoch mehr Einfluss als die anderen, heißt er doch auch der „Hüter des Karma". Michael kann uns unterstützen, karmische Schulden zu begleichen, indem er uns sehen lässt, worin sie bestehen und wie sie zustande kamen. Wenn wir die Faktoren kennen, die dazu beigetragen haben, können wir ähnliche Situationen in Zukunft vermeiden. Michael kann uns auch den Mut schenken, den wir benötigen, damit wir alles Notwendige tun können, um den Kreislauf zu durchbrechen.

Stellen Sie sich vor, Sie erwachen eines Morgens und fühlen sich vollkommen Herr der Lage, im Reinen mit sich selbst und allen anderen Menschen auf der Welt und völlig ohne Stress, Angst oder Furcht. Das klingt wie ein unmöglicher Traum, aber wenn wir uns unserem Karma stellen und es lösen, können wir genau so ein Leben führen. Glücklicherweise ist Michael bereit und willens, uns dabei zu helfen. Wir erreichen es über verschiedene Meditationen.

MEDITATION ZUR KARMA-LÖSUNG

Wählen Sie eine Zeit, zu der Sie ungestört sind. Machen Sie diese Meditation möglichst nicht im Bett oder wenn Sie müde sind, da Sie sonst wahrscheinlich einschlafen, anstatt Karma zu lösen. Baden oder duschen Sie nach Möglichkeit und legen Sie bequeme Kleidung an. Setzen Sie sich in einen Sessel mit nach hinten klappbarer Rückenlehne oder legen Sie sich vor Ihrem Altar auf den Boden.

Wenn Sie möchten, können Sie Kerzen anzünden und Entspannungsmusik auflegen. Achten Sie darauf, dass die Kerzen sicher in den Kerzenhaltern stehen.

Ich beginne am liebsten damit, dass ich mich nacheinander in alle vier Himmelsrichtungen wende und Gabriel, Michael, Raphael und Uriel einlade, zu mir zu kommen. Sobald ich ihre Gegenwart spüre, lege ich mich auf den Boden und beginne mit der Meditation. Man muss nicht unbedingt so beginnen, aber ich empfinde es an sich schon als lohnend und befriedigend, und es sorgt dafür, dass die Erzengel von Anfang an bei mir sind.

Wenn Sie liegen, konzentrieren Sie sich kurz auf Ihren Atem. Atmen Sie langsam und tief ein und halten Sie den Atem ein paar Sekunden lang an, bevor Sie wieder ausatmen. Spüren Sie, wie sich Ihr ganzer Körper bei jedem Ausatmen entspannt. Lassen Sie sich bei diesem ersten Schritt so viel Zeit, wie Sie für notwendig halten. Sie sollten vollkommen entspannt sein, bevor Sie weitermachen.

Wenn Sie ganz entspannt sind, visualisieren Sie sich von einem kräftigen Strahl heilsamen weißen Lichtes umgeben, der den Raum oder die Umgebung, in der Sie sich befinden, vollkommen ausfüllt. Lassen Sie dieses Licht sich allmählich immer weiter ausdehnen, bis es das ganze Gebäude ausfüllt, in dem Sie sind, dann erfüllt es die ganze Stadt, das Land und schließlich die ganze Welt. Stellen Sie sich bei jedem Ausatmen vor, dass Sie der ganzen Welt heilsame Energie senden.

Jetzt ist es Zeit, Michael anzurufen. Wenn Sie diese Meditation mit dem Herbeirufen der vier Erzengel begonnen haben, ist er bereits im Zimmer, und Sie spüren seine Gegenwart. Wenn Sie Michael noch nicht angerufen haben, bitten Sie ihn jetzt, zu Ihnen zu kommen. Liegen Sie ruhig da, atmen Sie langsam und stetig, bis Sie spüren, dass Michael bei Ihnen ist.

Danken Sie Michael für seine Führung und seinen Schutz und sagen Sie ihm, dass Sie karmische Dinge auflösen möchten, die

Sie bis jetzt gebremst und daran gehindert haben, dass Sie in dieser Inkarnation vorwärts kommen. Bitten Sie ihn, Ihnen einige konkrete Beispiele zu zeigen, sowohl aus dieser als auch aus früheren Inkarnationen.

Entspannen Sie sich weiter und warten Sie ab, was geschieht. Vor Ihrem geistigen Auge können Bilder aus Ihrer Vergangenheit auftauchen. Vielleicht spüren Sie auch bestimmte Ereignisse, empfinden eine Enge in der Brust oder haben den Drang zu weinen.

Versuchen Sie, nichts zu sagen oder zu tun. Liegen Sie ruhig da und lassen Sie alles sich entwickeln, was Michael Ihnen zu zeigen bereit ist. Werten und beurteilen Sie nicht. Sie sollten nicht erschrecken, wenn Sie in einem früheren Leben etwas Entsetzliches getan haben. Es war eine andere Persönlichkeit, die diese böse Tat begangen hat, und wenngleich die Seele dieselbe ist, so sind Sie doch nicht der Mensch, der Sie in einem Ihrer früheren Leben waren.

Nehmen Sie die Informationen auf, die zu Ihnen kommen. Wenn es vorbei ist, danken Sie Michael, dass er sie Ihnen hat zukommen lassen. Fragen Sie ihn, was Sie tun können, um die karmischen Blockaden zu lösen, die Ihr Leben heute beeinflussen. Vielleicht erhalten Sie augenblicklich Antwort. Es könnte Ihnen plötzlich etwas in den Sinn kommen, das die Situation klärt, und wenn Sie die Meditation beenden, wissen Sie genau, welche Schritte Sie unternehmen müssen, um das negative Karma nach und nach aufzulösen. Wahrscheinlicher aber werden Sie die Antwort nach ein oder zwei Tagen erhalten. Möglicherweise kommt sie, wenn Sie gerade etwas ganz anderes tun und es am allerwenigsten erwarten.

Wenn Sie bei diesem Stadium der Meditation angekommen sind, danken Sie Michael erneut. Werden Sie sich wieder bewusst, wo Sie sind und spüren Sie die Gegenwart von Raphael, Gabriel und Uriel. Danken Sie auch ihnen für ihre Anteilnahme und Unterstützung.

Atmen Sie dreimal tief durch und stoßen Sie die Luft beim Ausatmen kräftig und stoßweise aus, wobei Sie jedesmal eine kleine

Menge Luft entweichen lassen. Stellen Sie sich Ihren Atem dabei als heilsame Energie vor, die in die Welt hinausgeht, um anderen zu helfen.

Wenn Sie bereit sind, öffnen Sie langsam die Augen, strecken Sie sich und lächeln Sie. Denken Sie noch eine kleine Weile an die Meditation und das, was Sie dabei erlebt haben, und nehmen Sie dann Ihre normale Tätigkeit wieder auf.

Was geschieht, wenn Michael Ihnen keinerlei Beispiele für Karma verursachende Faktoren gibt? Das bedeutet nicht, dass Sie kein Karma hätten. Niemand ist vollkommen, und Sie dürfen sicher sein, dass Sie, wie jeder andere auf der Welt, reichlich Karma aufgehäuft haben. Es kann eine ganze Reihe von Gründen geben, warum Michael es Ihnen nicht zeigt. Vielleicht sind Sie nicht ausreichend entspannt, oder Michael glaubt, dass Sie das Thema nicht ernst genug nehmen. Michael könnte auch den Eindruck haben, dass Sie das Karma, das Sie aufgegriffen haben, im Augenblick zu sehr belasten würde.

MICHAELS SCHWERT

Viele Menschen nutzen gerne die Symbolik und Bildsprache von „Michaels Schwert", wenn Sie an der Lösung von Karma arbeiten. Es kann hilfreich sein, wenn wir Michael bitten, die feinstofflichen Bande zu zerteilen, die uns an bestimmte Menschen, Situationen, Gegenstände und ihre Negativität binden. Wir sollten dies regelmäßig tun, bevor eine Situation außer Kontrolle gerät. Wir können Michael auch bitten, die karmischen Verflechtungen zwischen bestimmten Gruppen, ja ganzen Ländern zu lösen. Wir mögen dabei das Gefühl haben, dass wir alleine nicht gerade viel erreichen können, aber jeder kleine Beitrag hilft, und wenn genügend Menschen damit anfangen, können tiefgreifende Veränderungen eintreten.

Es gibt einen dreistufigen Prozess, den ich zur Lösung von Karma äußerst hilfreich finde.

1. Machen Sie es sich bequem, schließen Sie die Augen und atmen Sie ein paar Mal langsam und tief durch. Entspannen Sie nach und nach alle Muskeln Ihres Körpers, entweder von den Füßen an nach oben oder vom Kopf an nach unten. Sobald Sie sich völlig entspannt fühlen, gehen Sie im Geiste Ihren Körper noch einmal durch und spüren Sie nach, ob es noch irgendwelche angespannten Stellen gibt. Widmen Sie sich diesen Stellen, bis auch sie völlig entspannt sind.

2. Visualisieren Sie, wie Sie in der Luft schweben und dabei auf Ihren entspannten Körper hinunterschauen. Wenn Sie sich klar vor Ihrem geistigen Auge sehen können, visualisieren Sie, wie Ihr physischer Körper sich nach und nach in ein großes Garnknäuel verwandelt. Von diesem Knäuel führen viele Fäden in verschiedene Richtungen. Es sind Bindungen an karmische Erfahrungen. Stellen Sie sich nun vor, Sie seien im Inneren dieses Knäuels. Sehen Sie Michael vor sich. Er ist groß, stark und trägt einen Kettenpanzer. Mit seiner rechten Hand führt er ein großes blaues Flammenschwert, in der Linken trägt er einen Schild. Sie beobachten, wie er alle Fadenstränge durchtrennt, bis das Knäuel wieder rund und vollkommen ist. Danken Sie ihm, dass er Ihr Karma löst.

3. Atmen Sie zum Abschluss dreimal langsam und tief durch und zählen Sie dann bis fünf. Öffnen Sie die Augen, strecken Sie sich und denken Sie daran, was gerade geschehen ist. Wiederholen Sie diese Übung so oft Sie möchten, bis Sie das Gefühl haben, dass Ihr Karma keinen negativen Einfluss mehr auf Ihr Leben hat.

Nicht jeder stellt sich sich selber gern als großes Garnknäuel vor. Wenn es Ihnen genauso geht, dann entspannen Sie sich und sehen Sie vor Ihrem geistigen Auge, wie Sie auf dem Boden liegen und winzige Karma-Fäden von Ihrem Körper aus in alle Richtungen führen. Visualisieren Sie dann Michael an Ihrer rechten Seite. Er hält sein Schwert hoch aufgerichtet. Beobachten Sie ihn, wie er die feinen Karma-Fäden dicht neben Ihrem Körper durchtrennt. Achten Sie darauf, um wie viel freier und leichter Sie sich danach fühlen.

Sie werden nach diesen Übungen wahrscheinlich keine sofortige Lösung Ihres Karmas erleben. Aber sie sind ein Anfang, und Sie werden feststellen, dass es Ihnen im Leben allmählich immer besser geht.

Als Nächstes müssen Sie an sich selbst arbeiten. Lassen Sie alte Verletzungen, Bitterkeit, Bereutes, Enttäuschungen und anderen Schmerz los. Wenn Ihr Unterbewusstsein voller negativer Gedanken und Erlebnisse steckt, ist jeglicher Fortschritt ausgesprochen schwierig. Wenn Sie die negativen Aspekte Ihrer Vergangenheit auflösen, können Sie vorwärts kommen. Auch auf diese Weise kann man sehr viel Karma aufarbeiten. Meist halten wir an diesen negativen Erfahrungen fest und erleben schwierige Zeiten immer wieder innerlich nach, obwohl wir doch wissen, dass es viel gesünder und besser ist, so etwas loszulassen und den Blick wieder nach vorne zu richten.

Wir können ein Experiment mit Michael durchführen, um einen Blick darauf zu richten, welches Leben uns erwartet, wenn wir die Vergangenheit loslassen. Es ist heilsam und aufregend. Sobald wir erst einmal das ganze Gepäck hinter uns lassen, das uns aufgehalten hat, können wir uns mit größerem Selbstvertrauen als je zuvor nach vorne wenden. Wie durch ein Wunder tun sich neue Möglichkeiten auf, und in jedem Bereich unseres Lebens geht es uns besser.

MEDITATION: AUF IN DIE ZUKUNFT

1. Beginnen Sie mit dem Invokationsritual aus Kapitel Zwei. Wenn Sie bereit sind, Michael zu bitten, er möge Ihnen helfen, setzen Sie sich hin, schließen Sie die Augen und bitten Sie ihn, Ihnen zu zeigen, wie Ihr Leben aussieht, wenn Sie alle alten Lasten, die Sie jetzt hemmen, hinter sich gelassen haben.

2. Konzentrieren Sie sich auf Ihren Atem und warten Sie ab, welche Bilder vor Ihrem geistigen Auge entstehen. Da jeder Mensch anders ist, kann man unmöglich vorhersagen, in welcher Form Sie dies erleben werden. Vielleicht sehen Sie es so deutlich wie auf einem Fernseh-Bildschirm. Vielleicht spüren oder hören Sie es auch oder vielleicht entwickeln Sie nach und nach ein Gefühl für die Zukunft, die Ihnen nach dem Gesetz des Karma zusteht.

3. Sie werden erleben, dass Ihr Geist von Szene zu Szene gleitet. Verbringen Sie bei jedem Bild so viel Zeit, wie Sie möchten. Wenn Sie für das nächste bereit sind, atmen Sie tief ein und langsam wieder aus. Sie werden dabei ganz von selber zu einer anderen Situation oder einem anderen Erlebnis in Ihrem künftigen Leben kommen.

4. Wenn Sie genug gesehen haben, danken Sie Michael für die Möglichkeit, die neue Richtung zu sehen, die Ihr Leben nehmen könnte, und kehren Sie wieder in die Gegenwart zurück. Sie sitzen bequem in Ihrem Zimmer, umgeben von den vier Erzengeln. Werden Sie sich der äußeren Gegenstände in Ihrem Zimmer wieder bewusst, und wenn Sie soweit sind, öffnen Sie die Augen.

5. Stehen Sie auf und beenden Sie das Invokationsritual, indem Sie sich bedanken und das bannende Pentagramm ziehen.

6. Schreiben Sie nach dieser Übung so bald wie möglich alles auf, woran Sie sich erinnern können. Überlegen Sie, was geschehen ist und welche Erkenntnisse Sie gewonnen haben. Wenn Sie Zweifel beschleichen, dass diese Zukunft besser sei als diejenige, die Sie andernfalls erwartet hätte, dann wiederholen Sie das ge-

samte Experiment. Bitten Sie Michael aber dieses Mal, Ihnen die Zukunft zu zeigen, die Sie erwartet, wenn Sie auf dem Weg bleiben, auf dem Sie jetzt sind. In gewisser Hinsicht ist dies in jedem Fall eine gute Sache. Ich kenne eine ganze Reihe von Leuten, die durch diese gegensätzlichen Zukunftsaussichten ausreichend motiviert wurden, ihr Leben von Grund auf zu ändern.

7. Wiederholen Sie diese Übung in den nächsten Wochen mehrmals, um innerlich alles zu klären. Schreiben Sie danach jedes Mal so bald wie möglich alles auf, was Ihnen dabei zu dem Erlebnis einfällt.

Wenn Sie erst einmal entdeckt haben, wie anders Ihr Leben verläuft, sobald Sie das negative Karma aus der Vergangenheit ausgelöscht haben, wird Sie das sehr anspornen, daran zu arbeiten. Es gibt viele Möglichkeiten, diese Negativität zu überwinden. Drei Methoden empfinde ich dabei als besonders nützlich. Wenn Sie möchten, können Sie Michael anrufen, damit er Ihnen bei diesen Übungen hilft. Nötig ist es jedoch nicht, es sei denn, Sie hätten dabei gerne seinen Schutz um sich herum. Arbeiten Sie in diesem Fall in einem Kreis und vollziehen Sie das Invokationsritual, bevor Sie mit der Auflösung Ihres Karmas beginnen.

Die einfachste Methode ist die, vor einem Spiegel zu stehen, sich selbst in die Augen zu schauen und sich zu vergeben. Sprechen Sie laut. Geben Sie Ihre früheren Fehler zu und sagen Sie sich, dass Sie vom heutigen Tage an bemüht sein werden, ein besserer Mensch zu sein. Sprechen Sie ernsthaft und mit Nachdruck. Wenn Sie alles gesagt haben, was Sie sagen wollen, dann bitten Sie sich selber, die aufgehäufte Last loszulassen, damit Sie wieder vorwärts schreiten können. Wenn Sie fertig sind, lächeln Sie sich zu, atmen Sie dreimal tief durch und gehen Sie wieder Ihrer normalen Tätigkeit nach.

Sie werden sofort ein Gefühl der Erlösung und Erleichterung verspüren. Wiederholen Sie diese Übung jeden Tag, bis Sie sicher sind, dass es Ihnen gelungen ist.

Eine etwas dramatischere Methode, die Vergangenheit loszulassen, ist das Tanzen. Tragen Sie locker sitzende Kleidung und sorgen Sie dafür, dass Sie mindestens dreißig Minuten lang nicht gestört werden. Suchen Sie eine Musik aus, die Ihnen gefällt. Verwenden Sie lieber keine Stücke, deren Text Sie kennen, weil dies ablenken kann. Es soll ja nicht so enden, dass Sie die Lieder mitträllern und dabei den Zweck der Übung vergessen.

Tanzen Sie zunächst einige Minuten lang. Genießen Sie die Freude, Ihren Körper im Rhythmus der Musik zu bewegen. Tanzen Sie dann weiter und klatschen Sie außerdem im Rhythmus der Musik in die Hände. Der letzte Schritt besteht darin, einen Text zu erfinden, den Sie auf die Musik singen können. „Ich lasse die Vergangenheit los“, wie ein Mantra stetig wiederholt, ist ein ideales Beispiel. Tun Sie das mehrere Minuten lang und tanzen Sie dabei so kraftvoll wie möglich. Wenn Sie erschöpft sind, bleiben Sie stehen, strecken Sie die Hände mit den Handflächen nach oben aus und sagen Sie: „Ich lasse die gesamte Last meiner Vergangenheit los.“ Holen Sie tief Luft, halten Sie sie einige Sekunden lang an und atmen Sie dann langsam wieder aus. Kehren Sie zu Ihrer normalen Tätigkeit zurück, sobald Sie sich dazu bereit fühlen. Machen Sie diese Übung, wie auch die vorherige, so oft wie möglich, bis Sie sich von dem Karma befreit fühlen, das Sie am Fortschreiten gehindert hat.

Das letzte Beispiel ist sanfter als das eben erwähnte, denn es ist eine Meditation. Setzen oder legen Sie sich an eine Stelle, an der Sie es warm und bequem haben und entspannen Sie bewusst alle Muskeln in Ihrem Körper. Wenn Sie sich völlig entspannt fühlen, lassen Sie die Ereignisse, die sich in den letzten paar Monaten in Ihrem Leben abgespielt haben, innerlich Revue passieren. Immer wenn Sie dabei auf etwas stoßen, bei dem Sie erniedrigt wurden oder sich schlecht gefühlt haben, sagen Sie sich: „Ich lasse das los."

Sobald Sie die letzten Monate durchgegangen sind, denken Sie an die vergangenen zwölf Monate. Lassen Sie alles los, worauf Sie stoßen und was Sie am Vorwärtsgehen hindert. Gehen Sie Jahr um Jahr so weit wie möglich zurück. Wenn Sie sich Ihrer Kindheit nähern, müssen Sie die Zeiträume wahrscheinlich auf Fünfjahres-Zyklen erweitern.

Wenn Sie so weit zurückgegangen sind, wie Sie nur konnten, dann sagen Sie: „Ich lasse alles Karma aus meinen früheren Leben los." Kehren Sie nun nach und nach, Jahr für Jahr in die Gegenwart zurück. Verweilen Sie dabei so lange Sie mögen bei schönen Erinnerungen. Lassen Sie alle negativen Erinnerungen, auf die Sie dabei stoßen, los. Wenn Sie wieder in der Gegenwart angekommen sind, atmen Sie dreimal tief durch, strecken Sie sich und kehren Sie wieder zu Ihrer normalen Tätigkeit zurück. Machen Sie diese Übung so oft wie möglich, bis die alte Last abgeworfen ist.

Im nächsten Kapitel werden wir erfahren, wie Edelsteine uns zu einer noch engeren Verbindung mit Michael verhelfen können.

7

EDELSTEINE

Kristalle, Juwelen und Edelsteine gelten schon fast so lange als heilig wie es Menschen auf diesem Planeten gibt. In der Geschichte aller großen Religionen spielen sie eine Rolle. Schon die alten Ägypter nutzten Edelsteine sowohl für medizinische als auch für spirituelle Zwecke.

Kristalle und Edelsteine werden viele Male in der Bibel erwähnt, was zeigt, wie kenntnisreich und klug die Alten bei ihrer Verwendung waren. Das berühmteste Beispiel ist das Brustschild, das Aaron, der Hohepriester Israels, trug (2. Mose 28, 15-30). In seiner Offenbarung schildert Johannes seine Vision des Neuen Jerusalems (Offenbarung 21, 9-21). In den Versen 19 und 20 schreibt er: „Und die Grundsteine der Mauer um die Stadt waren geschmückt mit allerlei Edelsteinen. Der erste Grundstein war ein Jaspis, der zweite ein Saphir, der dritte ein Chalzedon, der vierte ein Smaragd, der fünfte ein Sardonyx, der sechste ein Sarder, der siebte ein Chrysolith, der achte ein Beryll, der neunte ein Topas, der zehnte ein Chrysopras, der elfte ein Hyazinth, der zwölfte ein Amethyst."

Das Interessante an den Worten von Johannes ist für mich, dass alle Edelsteine bestimmte Aspekte des Lebens verkörpern. Welche dies waren, ist nicht bekannt, aber viele Menschen verbanden später bestimmte Eigenschaften mit ihnen. Im Jahr 786 n. Chr. ordnete Rabanus Maurus, Erzbischof von Mainz, jeden Edelstein einem der zwölf Apostel zu.[52] Mit der Zeit verband man mit den Edelsteinen

52 Brett Bravo, *Crystal Healing Secrets*, Warner Books Inc., New York 1988

die verschiedenen Monate des Jahres. Auch heute noch ist in vielen Kirchen das Gefäß, das die geweihte Hostie enthält, die Jesus symbolisiert, in zwölf Edelsteine gefasst.

Das Konzil von Laodizäa missbilligte die Verwendung von Edelsteinen. Der Papst schenkt jedoch neu ernannten Kardinälen immer noch einen roten Hut und einen Saphir-Ring. Der Papst selbst trägt einen Amethyst.

Interessanterweise berichtet auch eine alte jüdische Legende, dass Michaels Tränen sich in Edelsteine verwandelten. Gott schickte Michael aus, um Abraham zu sagen, sein Leben neige sich dem Ende zu. Abraham begegnete einem Fremden und lud ihn zu sich ein. Er ahnte nicht, dass der Fremde ein Engel war, geschweige denn der Erzengel Michael. Während die Diener ein Mahl zubereiteten, bat Abraham Isaak, seinen Sohn, ihm eine Schüssel Wasser zu bringen, damit er dem Fremden die Füße waschen könne. Abraham schaute in die Schüssel und sprach: „Ich fürchte, dies wird das letzte Mal sein, dass ich einem Gast die Füße wasche." Als er das hörte, fing Isaak an zu weinen. Auch Abraham weinte. Und auch Michael, der die beiden weinen sah, vergoss Tränen. Seine Tränen fielen in die Schüssel und verwandelten sich in kostbare Edelsteine.[53]

In der islamischen Überlieferung spricht Michael seine wöchentliche Predigt von einer Kanzel aus grünem Smaragd im Haus des Herrn im vierten Himmel. Dieses Haus ist voller wertvoller Edelsteine. Es gibt eine Gebetsnische aus Perlen und einen Trennvorhang aus zahlreichen Edelsteinen. Das Haus hat drei Türen. Eine ist aus Topas, eine andere aus grünem Beryll und die dritte aus Rotgold. Das Minarett besteht gänzlich aus Diamanten.[54]

Edelsteine erfreuten sich schon immer einer engen Verbindung zum Engelreich. Daher werden ein paar schöne Edelsteine auf Ihrem Altar die Engel erfreuen, wenn sie Sie besuchen. Edelsteine

53 Louis Ginzberg, *The Legends of the Jews*, Band 1.

54 Shayk Muhammad Hisham Kabbani, *Angels Unveiled: A Sufi Perspective.*

erleichtern auch die Kommunikation mit den Engeln, so dass Sie Hilfe und Führung erhalten können.

Papst Gregor ordnete den Karfunkel (ein roter Granat mit facettenlosem, konvexem, gerundetem Schliff) den Erzengeln zu.[55] Nach und nach wurden den bekannteren Engeln bestimmte Edelsteine zugewiesen:

EDELSTEIN	**ENGEL**
Achat	Raphael, Bariel
Alexandrit	Geburathiel
Amethyst	Uriel, Zadkiel, Adnachiel
Angelit	Uriel
Aquamarin	Michael, Asariel, Humiel
Aventurin	Raphael
Carneol	Camael
Charoit	Zadkiel
Chrysopras	Raphael
Citrin	Jophiel, Caneloas
Diamant	Camael, Israfel, Hamatiel
Granat	Amriel
Jaspis	Barchiel
Kunzit	Chamuel, Atar
Lapislazuli	Michael, Zadkiel
Malachit	Nadiel
Mondstein	Gabriel, Ofaniel
Obsidian	Cassiel
Onyx	Cassiel, Gabriel
Opal	Anael, Nibra Ha-Rishon
Orthoklas	Metatron
Peridot	Alair
Perle	Gabriel, Nelle
Rubin	Camael, Malchadiel

55 Cornelia M. Parkinson, *Gem Magic*, Fawcett Columbine, New York 1988.

Saphir	Raphael, Aschmodai, Verchiel
Sardonyx	Derdeka
Selenit	Gabriel
Smaragd	Raphael, Anael, Muriel
Spinell	Raziel
Tansanit	Gabriel
Tigerauge	Michael
Topas	Azrael, Aschmodai, Matthias
Turmalin	Haniel, Tadhiel
Türkis	Michael, Zadkiel, Verchiel
Zirkon	Tsuriel

Blaue und goldfarbene Edelsteine wirken am besten, wenn wir mit Michael Kontakt aufnehmen wollen. Tigerauge, Aquamarin, Türkis und Lapislazuli sind gute Beispiele. Vergessen Sie nicht, dass Sie aber auch einen Bergkristall verwenden können, um mit den Engelreichen zu kommunizieren.

Meist wird es so scheinen, als habe Ihr Edelstein Sie ausgesucht. Wenn Sie sich in einem Edelsteinladen umsehen, werden Sie wahrscheinlich feststellen, dass manche Edelsteine Sie seltsamerweise zu rufen scheinen, und Sie werden sich aus einem scheinbar unerfindlichen Grund zu ihnen hingezogen fühlen. Ich kaufe immer Steine, die auf diese Weise mit mir „sprechen". Das bedeutet, dass ich vielleicht vorhabe, ein paar Rosenquarze zu kaufen, aber dann mit einem Smaragd und einem Citrin nach Hause komme.

Selbst wenn dies nicht geschieht, nutzen Sie Ihre Intuition zur Wahl der richtigen Steine. Halten Sie sie in der Hand, schließen Sie ein paar Sekunden lang die Augen und achten Sie auf die Reaktion, die Sie erhalten. Manche Steine wirken glücklich, andere nachdenklich und still. Manche Steine fühlen sich warm an, andere hingegen kalt. Manche prickeln und pulsieren. Jeder Stein ist anders. Lassen Sie sich Zeit und wählen Sie die Steine, die zu Ihnen passen.

EDELSTEINE REINIGEN

Sie müssen Ihren Edelstein reinigen, bevor Sie ihn verwenden. Dies entfernt negative Energien, die er aufgefangen haben mag, bevor er in Ihren Besitz kam. Wenn Sie den Edelstein noch nicht verwendet haben, legen Sie ihn über Nacht in ein Glas mit Meer- oder Salzwasser. Das Wasser absorbiert die negative Energie aus dem Edelstein, das Salz bricht die Negativität auf und eliminiert sie.

Nach dieser ersten Reinigung können Sie Ihren Stein so oft Sie möchten unter fließendem Wasser reinigen. Alternativ können Sie auch lauwarmes Wasser und eine kleine Menge sehr guter Seife verwenden. Wenn es schnell gehen muss, können Sie Ihren Stein auch reinigen, indem Sie ihn behauchen. Halten Sie ihn zwischen Daumen und Zeigefinger Ihrer linken Hand und atmen Sie dreimal tief durch. Visualisieren Sie dabei, dass Sie reines weißes Licht einatmen. Hauchen Sie das heilsame weiße Licht nach dem dritten Atemzug über den Stein. Drehen Sie den Stein dabei, damit Sie ihn von allen Seiten behauchen können. Sie können Ihren Stein auch mit Ihrem astrologischen Element reinigen:

Wenn Sie dem Element Feuer (Widder, Löwe, Schütze) angehören, führen Sie Ihren Stein durch eine Kerzenflamme. Stattdessen können Sie auch einen Kreis aus angezündeten Kerzen bilden und Ihren Stein in die Mitte legen. Lassen Sie die Kerzen mindestens drei Stunden lang brennen.

Wenn Sie zum Element Erde (Stier, Jungfrau, Steinbock) gehören, vergraben Sie Ihren Stein vierundzwanzig Stunden lang in Erde. Waschen Sie den Stein zum Abschluss in gereinigtem Wasser.

Wenn Sie dem Element Luft (Zwillinge, Waage, Wassermann) angehören, Halten Sie Ihren Stein in den Rauch einer brennenden Kerze oder besser noch in den von Räucherwerk.

Wenn Sie zum Element Wasser (Krebs, Skorpion, Fische) gehören, halten Sie Ihren Stein unter fließendes Wasser. Leitungswasser genügt, wenn möglich suchen Sie sich jedoch ein fließendes Gewässer oder einen Wasserfall. Stattdessen können Sie ihn auch im Meer waschen. In diesem Fall müssen Sie ihn danach aber unter sauberem Wasser abspülen, um alle Salzreste zu entfernen.

Wenn Ihr Stein negativen Energien ausgesetzt war, ist es am besten, ihn mehrere Tage lang in der Erde zu vergraben. Dies stellt sein inneres Gleichgewicht wieder her.

EDELSTEINE LADEN

Wenn Ihr Stein gereinigt ist, müssen Sie ihn laden, um ihn mit natürlicher Energie anzufüllen. Es gibt zwei Arten von Energie – männliche und weibliche. Der benötigte Energietyp richtet sich nach dem Zweck, für den Sie den Stein verwenden möchten. Wenn Sie ihn zum Schutz aufladen, brauchen Sie männliche Energie. Wollen Sie jedoch Ihre Intuition verbessern, wählen Sie weibliche Energie. Wenn Sie männliche Energie möchten, legen Sie Ihren Stein mehrere Stunden lang in die Sonne. Für weibliche Energie legen Sie ihn ins Mondlicht.

Den Kristall im Regen oder über Nacht draußen liegen zu lassen, damit er Tau auffängt, sind wirksame Methoden, ihn aufzuladen. Wenn Sie sehr viel Energie brauchen, sollten Sie Ihren Stein bei Gewitter draußen lassen. Das sorgt für eine nahezu unerschöpfliche Energiequelle. Wenn Sie Ihren Altar regelmäßig nutzen, können Sie Ihre Steine auch aufladen, indem Sie sie auf den Altar legen.

EDELSTEINE WIDMEN

Sobald Ihr Edelstein gereinigt und geladen wurde, können Sie ihn jedem gewünschten Zweck widmen. Dem Zweck dieses Buches entsprechend, widmen Sie ihn natürlich Michael.

Entzünden Sie zwei Kerzen, eine goldene und eine blaue, und stellen Sie sie auf Ihren Altar. Setzen Sie sich vor Ihren Altar, den Stein in Ihrer linken Handfläche.

Atmen Sie dreimal tief durch und lassen Sie den Atem dabei langsam ausströmen. Laden Sie dann Michael ein, zu Ihnen zu kommen. Sobald Sie seine Gegenwart spüren, heben Sie beide Hände etwa auf Brusthöhe und sagen Sie: „Ich widme diesen Stein dir, Michael, um eine engere Verbindung mit dir zu knüpfen und meine Fähigkeit zu verbessern, deine Führung anzunehmen. Danke."

Legen Sie den Stein auf Ihren Altar und schauen Sie ihn einige Sekunden lang an. Danken Sie Michael, dass er zu Ihnen gekommen ist. Sobald Sie bereit sind, löschen Sie die Kerzen und lassen Sie den Stein noch mindestens vierundzwanzig Stunden auf dem Altar liegen.

Nun, da der Stein Michael gewidmet ist, können Sie, wann immer Sie möchten, augenblicklich Kontakt mit Michael aufnehmen, indem Sie einfach den Stein in der Hand halten. Wenn Sie möchten, können Sie den Stein auch bei sich tragen. In diesem Fall sollten sie ihn jedoch in ein Seidentuch wickeln oder in einen kleinen Beutel legen, damit er keinerlei Negativität ausgesetzt wird.

Halten Sie diesen Stein rein und laden Sie ihn erneut auf, wenn Sie den Eindruck haben, dass er an Kraft verliert. Das ist zwar unwahrscheinlich, kann aber vorkommen.

EDELSTEINGEBETE

Dieses Ritual vollziehe ich am liebsten in den Sommermonaten im Freien. Möglich ist es aber jederzeit und überall. Legen Sie sich auf den Rücken und platzieren Sie einen Bergkristall über dem Herzen. Atmen Sie ein paar Mal tief durch und schließen Sie die Augen.

Sprechen Sie mit Michael, laut oder in Gedanken. Sie können alles sagen, was Sie möchten. Beten Sie, stellen Sie Fragen, bitten

Sie um Rat oder danken Sie ihm für seine Liebe und seinen Schutz. Sie werden feststellen, dass der Stein auf Ihrem Herzen wie ein „astraler Verstärker“ wirkt und es Ihnen leichter macht, Michaels Antwort zu empfangen.

MEDITATION ZUR HEILUNG DER SEELE

Wählen Sie zwei Steine, die Sie mögen. Lassen Sie sich von Ihrer Intuition zu den beiden Steinen führen, die bei dieser Meditation am besten für Sie sind.

Setzen Sie sich auf einen bequemen Stuhl und halten Sie in jeder Hand einen Stein. Atmen Sie mehrmals tief durch und lassen Sie den Atem dabei langsam ausströmen. Schließen Sie die Augen und lassen Sie eine Welle der Entspannung durch Ihren Körper strömen. Denken Sie an alle Segnungen in Ihrem Leben und danken Sie dem Universum dafür, dass Sie sie empfangen und sich daran erfreuen dürfen. Verwerfen Sie entschlossen alle negativen Gedanken, die sich vielleicht einstellen. Konzentrieren Sie sich auf das Positive, und Sie werden erkennen, wie reich erfüllt Ihr Leben in so vieler Hinsicht ist.

Wenden Sie sich den Steinen zu und achten Sie auf alle Empfindungen, die Sie aufgrund dieser Steine verspüren. Das können Gedanken, Sinneswahrnehmungen oder Gefühle sein. Vielleicht fühlen sie sich warm und wohltuend an. Vielleicht prickeln sie leicht. Beurteilen Sie solche Reaktionen nicht. Nehmen Sie sie einfach an und seien Sie sich bewusst, dass Sie sie auch im Nachhinein noch analysieren können, wenn Sie dies möchten.

Bitten Sie Michael, zu Ihnen zu kommen und danken Sie ihm für all seine Hilfe, seine Liebe, seine Unterstützung und seinen Trost. Danken Sie ihm dafür, dass er Ihrem physischen, emotionalen, mentalen und spirituellen Wesen hilft.

Lassen Sie zu, dass er Ihre Seele berührt. Auch dies können Sie auf vielerlei Art und Weise erleben. Es kann sich anfühlen wie eine plötzliche elektrische Entladung, die durch Ihren ganzen Körper fährt. Vielleicht verspüren Sie ein Glühen. (Das kann auch ein körperliches Erlebnis sein; eine ganze Reihe meiner Kursteilnehmer hatten nach dieser Meditation einen hochroten Kopf.) Vielleicht haben Sie das Gefühl, dass Sie alles erreichen können, was Sie sich vorgenommen haben. Es kann sich anfühlen, als seien all Ihre Lasten und Sorgen von Ihnen genommen.

Bleiben Sie so lange wie möglich in diesem Zustand. Genießen Sie das Gefühl des Friedens und der Ruhe und spüren Sie, wie gut es Ihrer Seele und allen anderen Teilen Ihres Wesens tut.

Wenn Sie spüren, dass es Zeit ist, atmen Sie tief ein, halten Sie den Atem einen Augenblick lang an und atmen Sie dann langsam aus. Danken Sie Michael noch einmal, drücken Sie die Steine und öffnen Sie die Augen.

Lassen Sie sich einige Minuten Zeit, um in diese Welt zurückzukehren. Sie sind nun voller Energie und fühlen sich an Körper, Geist und Seele gestärkt und erfrischt.

Bei dieser Meditation tritt immer eine gewisse Zeitverzerrung ein. Manchmal benötige ich für das ganze Ritual nur fünf Minuten, aber es kommt mir vor, als hätte es eine halbe Stunde gedauert. Ein anderes Mal wieder dauert das Ritual dreißig oder vierzig Minuten, aber mir kommt es vor, als seien es nur ein paar Minuten gewesen. Ich habe keine Ahnung, warum das so ist. Ich habe jedoch gelernt, dieser Meditation ausreichend Zeit zu widmen.

Steine wirken sehr gut auf die Chakras und werden häufig zu deren Ausgleich eingesetzt. Das und die Frage, in welcher Beziehung die Chakras zum Engelreich stehen, werden wir im nächsten Kapitel näher betrachten.

8

CHAKRAS

Die Chakras sind Lichträdern gleichende Energiezentren in der Aura. Sie sorgen für die Umwandlung und Verteilung der Prana-Energien im ganzen Aura-Feld. Sie verbinden den physischen mit den feinstofflichen Körpern, weshalb unsere Emotionen sich auf unseren physischen Körper auswirken können. Meist werden sie als wirbelnde Energiekreise wahrgenommen. Verständlicherweise ist Chakra daher ein Sanskrit-Wort, das „Rad“ oder „Scheibe“ bedeutet.

Die sieben Haupt-Chakras befinden sich an folgenden Stellen der Wirbelsäule:

1. Wurzel-Chakra – am unteren Ende der Wirbelsäule
Es betrifft Überleben, körperliche Kraft und Vergebung. Farbe: Rot. Erzengel: Sandalphon. Edelsteine: Roter Granat, Jaspis, Rubin.

2. Sakral-Chakra – auf der Höhe der Geschlechtsorgane
Es betrifft Emotionen, Sinnlichkeit und Sexualität. Farbe: Orange. Erzengel: Chamuel. Edelsteine: Bernstein, Karneol, orangefarbener Calcit, Topas.

3. Solarplexus-Chakra – zwei Fingerbreit über dem Nabel
Es betrifft Selbstwertgefühl und Willenskraft. Farbe: Gelb. Erzengel: Uriel. Edelsteine: Citrin, Tigerauge, gelber Jaspis.

4. Herz-Chakra – in der Mitte der Brust
Es betrifft Liebe, Mitgefühl und Akzeptanz. Farbe: Grün. Erzengel: Raphael. Edelsteine: Smaragd, Jade, Kunzit, Aventurin.

5. Kehlkopf-Chakra – auf der Höhe des Kehlkopfs
Es betrifft Kommunikation, Wahrheit und Kreativität. Farbe: Blau. Erzengel: Michael. Edelsteine: Aquamarin, Chrysokoll, Lapislazuli, Türkis.

6. Stirn-Chakra – Zwischen den Augenbrauen („Drittes Auge")
Es betrifft Weisheit, Unterscheidungsvermögen, Intuition und Vorstellungskraft. Farbe: Indigo. Erzengel: Gabriel. Edelsteine: Blauer Calcit, Lapislazuli, Türkis.

7. Kronen-Chakra – am Scheitelpunkt des Kopfes
Es betrifft Erleuchtung, Verständnis und Wissen. Farbe: Violett. Erzengel: Zadkiel. Edelsteine: Amethyst, Selenit, Charoit.

Wenn ein Chakra blockiert oder geschlossen ist, kann der Mensch die Energie für den betreffenden Bereich seines Lebens nicht vollständig nutzen. Ist zum Beispiel das Kehlkopf-Chakra blockiert, ist der Mensch furchtsam und schüchtern und kann sich nur schlecht ausdrücken. Auch das andere Extrem kommt vor. Ist dieses Chakra weit geöffnet, ist der Mensch so sehr mit Reden beschäftigt, dass er oder sie nichts und niemandem mehr zuhören kann. Dies geschieht auf Kosten der übrigen Chakras, die entsprechend zu kurz kommen. Beide Extreme verursachen Probleme, die erst dann beseitigt werden, wenn sich das Kehlkopf-Chakra wieder im Gleichgewicht befindet.

Das Kehlkopf-Chakra ist für die Kreativität zuständig, eine weitere Form der Kommunikation. Wenn das Kehlkopf-Chakra blockiert oder aber weit offen ist, ist das kreative Potenzial vermindert oder uferlos.

Ich habe das Kehlkopf-Chakra als Beispiel gewählt, weil dieses Chakra vom Erzengel Michael regiert wird. Aber ein Chakra ist so wichtig wie das andere. Jedes blockierte Chakra beeinflusst auch die Effektivität aller anderen.

DIE CHAKRAS SPÜREN

Für diese Übung brauchen Sie einen Partner. Ihr Partner oder Ihre Partnerin sollte locker sitzende, bequeme Kleidung tragen und entweder auf dem Bauch oder dem Rücken liegen, da die Chakras an beiden Seiten der Wirbelsäule spürbar sind.

Beginnen Sie mit dem Schutzritual und reiben Sie dann kräftig die Handflächen aneinander. Knien Sie sich neben Ihren Partner oder Ihre Partnerin und halten Sie die Hände am Ende der Wirbelsäule einige Zentimeter über ihrem oder seinem Körper. Probieren Sie, ob Sie die Energie des Chakras in Ihren Handflächen spüren können. Verringern und vergrößern Sie den Abstand Ihrer Hände zur Wirbelsäule, bis Sie die Position finden, an der Sie das Chakra am deutlichsten wahrnehmen.

Wenn Sie das Wurzel-Chakra gespürt haben, führen Sie Ihre Hände zum Sakral-Chakra, das auf halbem Wege zwischen dem Wurzel-Chakra und dem Nabel liegt. Experimentieren Sie wieder mit der Position Ihrer Hände, bis Sie das Chakra deutlich fühlen können. Machen Sie so weiter, bis Sie alle sieben Chakras gefunden haben.

Wenn Sie das erfolgreich abgeschlossen haben, tauschen Sie die Rollen, damit nun Ihr Partner oder Ihre Partnerin Ihre Chakras erspüren kann.

Ihre Chakras strahlen wie Trichter oder Kegel von Ihrem Körper aus. Mit etwas Übung können Sie sie wahrnehmen, wenn Sie die Hände in einigen Zentimetern Abstand zum Körper halten.

MEDITATION ZUM AUSGLEICH DER CHAKRAS

Wie Sie wissen, kümmert sich ein Erzengel um jedes Chakra. Mit dieser Meditation können Sie die Energie der Engel zum Ausgleich und zur Kräftigung Ihrer Chakras einsetzen. Wenn Sie spüren, dass ein bestimmtes Chakra aus dem Gleichgewicht geraten ist, legen Sie einen passenden Edelstein in der Gegend dieses Chakras auf Ihren Körper.

Wenn Sie mögen, verwenden Sie Räucherwerk oder Duftöle. Vielleicht möchten Sie auch eine Kerze anzünden und sanfte Musik auflegen. Treffen Sie alle Vorbereitungen, die für eine gelungene Meditation erforderlich sind.

Tragen Sie locker sitzende Kleidung und sorgen Sie dafür, dass das Zimmer angenehm warm ist. Am besten vollziehen Sie dieses Ritual vor Ihrem Altar. Möglich ist es aber überall, wo Sie sich sicher und geborgen fühlen und voraussichtlich nicht unterbrochen werden.

Liegen Sie auf dem Rücken, die Arme neben dem Körper, und atmen Sie mehrmals langsam und tief durch. Bitten Sie Michael, Sie bei dieser Meditation zu schützen. Visualisieren Sie sich von einem reinen, weißen, schützenden Licht umgeben.

Wenn Sie eingestimmt sind, konzentrieren Sie sich auf Ihr Wurzel-Chakra. Stellen Sie sich vor, dass ein wunderschönes Leuchten diesen Teil Ihres Körpers umgibt. Wenn Sie mögen, legen Sie die Hände auf dieses Chakra. Bitten Sie Michael, Sie Erzengel Sandalphon vorzustellen. Bitten Sie ihn, Ihr Wurzel-Chakra zu reinigen, zu kräftigen und auszugleichen. Genießen Sie, während Sandalphon dies tut, das Gefühl der Sicherheit, das sich einstellt, weil Sie nun wieder gut geerdet sind.

Sobald Sandalphon fertig ist, lassen Sie Ihre Aufmerksamkeit zum Sakral-Chakra wandern. Visualisieren Sie diese Gegend in einem wunderbaren orangefarbenen Leuchten. Legen Sie auch jetzt wieder die Hände auf diese Körperstelle, wenn Sie möchten. Bitten Sie Michael, Sie Erzengel Chamuel vorzustellen, dem Engel der bedingungslosen Liebe. Entspannen Sie sich und lassen Sie Chamuel Ihr Sakral-Chakra ausgleichen und neu beleben.

Lassen Sie Chamuel so viel Zeit, wie er benötigt, bevor Sie sich auf Ihr Solarplexus-Chakra konzentrieren. Stellen Sie sich vor, dass diese Gegend von prachtvollen gelben Strahlen umgeben ist. Legen Sie, wenn Sie mögen, Ihre Hände auf den Solarplexus. Bitten Sie Michael, Sie Uriel vorzustellen, dem Erzengel des Friedens. Lassen Sie Uriel dieses Chakra ausgleichen, wobei er Verletzungen und Ängste eliminiert und sie durch Frieden und Harmonie ersetzt.

Sobald Uriel fertig ist, lassen Sie Ihre Aufmerksamkeit zum Herz-Chakra wandern, das von einem schönen, friedlichen Grün umgeben ist. Legen Sie wieder Ihre Hände auf diese Stelle, wenn Sie möchten. Bitten Sie Michael, Sie Raphael vorzustellen, dem Erzengel der Heilung und der Ganzheit. Bitten Sie Raphael, Ihr Herz-Chakra auszugleichen und zu heilen. Ich habe festgestellt, dass viele Menschen das Ausgleichen dieses Chakras stark gefühlsbetont erleben. Machen Sie sich keine Gedanken, wenn dies geschieht. Lassen Sie allen notwendigen Gefühlen freien Lauf, bevor Sie sich dem nächsten Chakra zuwenden.

Konzentrieren Sie sich auf die Gegend um Ihren Kehlkopf und stellen Sie sich vor, dass sie von einem wundervoll klaren blauen Lichtstrahl umgeben ist. Legen Sie die Hände auf Ihre Kehle, wenn Sie das Gefühl haben, dass Sie es sich dann besser vorstellen können. Dies ist das Chakra, um das Michael sich kümmert. Entspannen Sie sich und lassen Sie ihn dieses Chakra ausgleichen und stärken. Wenn er das getan hat, danken Sie ihm für seine Hilfe.

Sobald Sie bereit sind, lassen Sie Ihre Aufmerksamkeit zum Stirn-Chakra wandern. Visualisieren Sie diese Stelle als von einem reinen, tiefen Indigo-Farbton umgeben. Lassen Sie Ihre Hände sanft darauf ruhen, wenn Sie möchten. Bitten Sie Michael, Sie Gabriel vorzustellen, dem Erzengel der Seele. Spüren Sie, wie Ihre Intuition aufblüht, während Gabriel Ihr „Drittes Auge“ ins Gleichgewicht bringt.

Ein Chakra ist noch übrig. Sobald Sie bereit sind, konzentrieren Sie sich auf das Kronen-Chakra am Scheitelpunkt Ihres Kopfes. Legen Sie die Hände auf diese Stelle, wenn Sie möchten. Stellen Sie sich vor, dass dieser oberste Bereich Ihres Kopfes vollständig von einem intensiven violetten Leuchten umgeben ist. Bitten Sie Michael, Sie Zadkiel vorzustellen, dem Erzengel der Vergebung. Lassen Sie ein Gefühl des Friedens und der Ruhe durch Ihren ganzen Körper strömen, während Zadkiel Ihr Kronen-Chakra stärkt und ausgleicht.

Wenn er damit fertig ist, danken Sie jedem Erzengel einzeln. Stellen Sie sich vor, dass Sie von roter Energie umgeben sind, wenn Sie Sandalphon danken. Visualisieren Sie sich von orangefarbenem Licht umgeben, wenn Sie Chamuel danken. Gehen Sie so den ganzen Regenbogen durch und stellen Sie sich jedes Mal vor, dass Sie in der betreffenden Farbe baden, wenn Sie dem jeweiligen Erzengel danken.

Entspannen Sie sich und lassen Sie das gesamte Erlebnis vor Ihrem geistigen Auge noch einmal Revue passieren. Sobald Sie bereit sind, atmen Sie dreimal tief durch, öffnen Sie die Augen und stehen Sie auf. Nach dieser Meditation werden Sie sich an Körper, Geist und Seele gestärkt und erfrischt fühlen. Ihre Chakras sind ausgeglichen und Sie fühlen sich positiv gestimmt, voller Begeisterung und Elan. Was eben noch so wichtig erschien, wirkt nun trivial und bedeutungslos. Sie wissen, dass Sie nun alles erreichen können.

Schreiben Sie so bald wie möglich alle Erkenntnisse auf, die Ihnen während der Meditation kamen.

Wiederholen Sie diese Meditation so oft wie möglich. Einmal pro Woche wäre optimal, wenn Sie aber gerade Probleme haben, etwa unter Stress oder emotionaler Belastung stehen, können Sie sie auch öfter durchführen.

IHR BLAUES WUNDER

Es ist im höchsten Maße passend, dass Michaels Farbe blau ist, denn diese Farbe lässt sich auf vielerlei Weise einsetzen. Das Blau in der Natur zu betrachten, kann die Verbindung zwischen uns und Michael stärken. Außerdem lässt es sich zu Heilzwecken nutzen. Indigo schenkt die Heilenergie der Erde. Indigoblau ist beruhigend, entspannend und Frieden schenkend. Es gilt als Weisheit vermittelnd. Kobaltblau wirkt in der Natur ausbrennend und lässt frühere Verletzungen abklingen. Außerdem gewährt es Schutz. Wenn Sie das Bedürfnis nach vermehrtem Schutz haben, visualisieren Sie sich in einer großen kobaltblauen Blase. Himmelblau schenkt die Heilenergie des Himmels. Außerdem erinnert es daran, dass nur der Himmel die Grenze ist. Ganz gleich, was gestern geschehen sein mag, heute ist ein neuer Tag, und der blaue Himmel lässt uns Michaels Liebe und Schutz spüren und erkennen, dass wir aus dem heutigen Tag etwas Großartiges machen können.

Im Folgenden eine interessante Übung, welche die blaue Energie im Kehlkopf-Chakra nutzt:

1. Legen Sie sich auf den Rücken, Arme und Beine leicht gespreizt. Schließen Sie die Augen, atmen Sie mehrmals tief durch, entspannen Sie sich und richten Sie die Aufmerksamkeit nach innen.
2. Visualisieren Sie sich in einer großen Blase aus klarem, weißem, schützendem Licht. Wenn Sie das Gefühl haben, dass Sie nun in diese Blase sicher eingeschlossen sind, stellen Sie sich in Ihrem Körper eine vertikale Säule vor, die vom obersten Punkt Ihres Kopfes bis ans untere Ende Ihrer Wirbelsäule reicht. Sie verläuft durch alle Chakras.
3. Visualisieren Sie Michael, wie er neben Ihnen steht. Mit Liebe und Mitgefühl schaut er auf Sie herab. Er ist da, um Sie an Körper,

Geist und Seele zu stärken. Stellen Sie sich vor Ihrem geistigen Auge vor, wie er sich neben Sie kniet und Sie sanft am Scheitelpunkt Ihres Kopfes berührt. Sehen Sie, wie eine strahlende, kobaltblaue Energie durch den Scheitelpunkt Ihres Kopfes in Ihren Körper eindringt und nach und nach die vertikale Säule entlang nach unten gelangt. Dabei erfüllt sie jedes Chakra auf ihrem Weg mit heilsamer Energie. Schließlich erreicht die blaue Energie Ihr Wurzel-Chakra und breitet sich dann allmählich von jedem Chakra aus weiter aus, bis sie nach und nach jede Zelle Ihres Körpers mit Michaels stärkender Energie erfüllt.

4. Schließlich ist Ihr physischer Körper ganz erfüllt von Michaels Energie, aber immer noch dringt weitere Energie vom Scheitelpunkt aus in Ihren Körper ein. Sie fließt bis zu Ihrem Kehlkopf-Chakra und breitet sich von dort in die Blase aus klarem weißem Licht aus, die Sie umgibt. Erst wenn diese Blase voller Energie ist, nimmt Michael seine Hand von Ihrem Kopf.

5. Sprechen Sie mit Michael und danken Sie ihm dafür, dass er Sie mit seiner stärkenden Energie erfüllt und Ihnen Schutz und Liebe schenkt. Bitten Sie ihn, dass er Ihnen dabei hilft, Ihr Potenzial auszuschöpfen und das Beste aus sich herauszuholen. Sprechen Sie mit Michael, so lange Sie möchten.

6. Verabschieden Sie sich und sehen Sie Michael nach, wenn er geht. Genießen Sie das Gefühl der Sicherheit, Geborgenheit und Kraft. Wenn Sie bereit sind, zählen Sie langsam bis fünf, öffnen Sie die Augen, strecken Sie sich und bleiben Sie mindestens dreißig Sekunden liegen, bevor Sie aufstehen.

Diese Übung werden Sie als äußerst wohltuend erleben. Sie schenkt Energie und Schutz und hilft Ihnen zugleich zu erkennen, dass Sie alles erreichen können, was Sie sich vornehmen. Praktizieren Sie deshalb diese Chakra-Übung regelmäßig.

MICHAELS BLAUER UMHANG

Wenn Sie Schutz benötigen, für sich oder für andere, rufen Sie Michael und bitten Sie ihn, den schutzbedürftigen Menschen in seinen blauen Schutzumhang zu hüllen. Visualisieren Sie den Menschen, den Sie schützen möchten, als von Kopf bis Fuß vollkommen von einem wunderschönen kobaltblauen Umhang umschlossen.

Wenn Sie dies für sich selber tun, visualisieren Sie sich als vom Schutzumhang umhüllt. Stellen Sie sich dann vor, dass blaue Energie aus Ihrem Kehlkopf-Chakra strömt und sich rasch in Ihrem gesamten Körper verteilt, bis Sie sowohl von innen als auch von außen komplett von Michaels schützender Energie umgeben sind. Wenn das Schutzbedürfnis vorüber ist, danken Sie Michael für seinen Schutz und ziehen Sie im Geiste den Umhang aus.

Mir gefällt die Vorstellung vom Schutzumhang. Viele meiner Kursteilnehmer umgeben sich jedoch lieber mit einer Schutzblase oder einem Schutzkreis. Das ist ganz genauso wirksam, denn beide Methoden funktionieren gleich gut. Verwenden Sie einfach diejenige, die Ihnen lieber ist.

9

MIT MICHAEL TRÄUMEN

Die meisten Menschen verbringen etwa ein Drittel Ihres Lebens im Schlaf. Das mag zwar als enorme Zeitverschwendung erscheinen, aber der Schlaf ist wichtig für Gesundheit und Wohlbefinden. In dieser Zeit der Ruhe schöpft unser Körper neue Kraft. Wenn Sie nachts nicht genug schlafen, fühlen Sie sich am nächsten Tag ganz benommen und sind nicht optimal leistungsfähig. Die Menge Schlaf, die man benötigt, ist bei jedem Menschen unterschiedlich. Manche kommen mit vier bis fünf Stunden Schlaf bestens aus, andere hingegen schlafen bis zu neun Stunden. Für die meisten Menschen sind sieben bis acht Stunden nächtlicher Schlaf ausreichend.

Wenn wir schlafen, sind Körper und Geist aber immer noch aktiv. So erleben wir jede Nacht etwa vier bis fünf sogenannte REM-Schlafphasen[56]. In diese Zeit fallen unsere wichtigen Träume. Früher glaubte man, dass wir in den Nicht-REM-Phasen nicht träumten. Heute scheint es aber, als träumten wir in diesem Nicht-REM-Zustand unwichtige Routine-Träume. Alle Säugetiere erleben im Schlaf REM- und Nicht-REM-Phasen, was zeigt, dass dies ein normaler, ja essenzieller Bestandteil des Lebens ist.

Träume faszinieren die Menschen seit jeher. Die alten Ägypter haben sie schon vor 6.000 Jahren studiert und ihre Erkenntnisse festgehalten. Auch die Griechen interessierten sich nicht weniger dafür, und Göttervater Zeus hatte einen Sohn namens Morpheus, den Gott der Träume. An vielen griechischen Heiligtümern ließen sich

56 REM – rapid eye movement, die Phase schneller Augenbewegungen im Schlaf, d. Ü.

die Menschen ihre Träume deuten. Auch die alten Chinesen interessierten sich, wie die meisten frühen Kulturen, für Traumdeutung.

Das erste bedeutende Buch über Traumdeutung, die „Oneirokritika" des Artemidor von Daldis, stammt aus dem zweiten Jahrhundert n. Chr..[57] Alte religiöse Schriften enthalten viele Hinweise auf Träume und deren Bedeutung. Dazu gehören die Bibel, die Bhagavad Gita, das I Ging, der Koran, das Tibetische Totenbuch und die Thora.

Einst waren Träume ein wichtiges Element des Christentums. Die Bibel erwähnt zahlreiche Träume, und es scheint, als kommunizierten Gott und seine Engel regelmäßig mit den Menschen in ihren Träumen. Der Engel Gottes sprach zum Beispiel zu Jakob in einem Traum (1. Mose 31, 11) und Gott selbst kam in einem Traum zu Salomo (1. Könige 3, 5). Das berühmteste Beispiel aber ist, als der Engel Gottes dem Joseph im Traum erschien. Der Engel sprach zu ihm: „Joseph, du Sohn Davids, fürchte dich nicht, Maria, deine Frau, zu dir zu nehmen; denn was sie empfangen hat, das ist von dem heiligen Geist." (Matthäus, 1, 20). Die veränderte Haltung der neuen Kirche gegenüber Ernährungsvorschriften ist im Wesentlichen auf Petrus' Traum in Joppe zurückzuführen (Apostelgeschichte 11, 5-10).

Damals wie heute wollten viele Menschen nicht hören. Im Buch Hiob (33, 14-16) lesen wir: „Denn auf eine Weise redet Gott und auf eine zweite; nur beachtet man's nicht. Im Traum, im Nachtgesicht, wenn der Schlaf auf die Menschen fällt, wenn sie schlafen auf dem Bett, da öffnet er das Ohr der Menschen und schreckt sie auf und warnt sie ..."

Viele frühe Christen beschäftigten sich intensiv mit ihren Träumen, um zu verstehen, wie Gott in Ihrem Leben wirkte. So galten Träume während mindestens fünf Jahrhunderte nach Christi Geburt als äußerst wichtig. Johannes Chrysostomos (344 o. 354 – 407),

---

57 Tara Ward, *Meditation and Dreamwork*, Arcturus Publishing, London 2001

einer der Kirchenväter, behauptete, Träume seien Gott genug, um sie denen zu senden, die an ihn glaubten, denn sie bräuchten keine Visionen oder verblüffendere Formen der göttlichen Offenbarung.[58] Seine Schriften müssen vielen ein Trost gewesen sein, denn er sagte auch, dass wir für das, was in unseren Träumen geschieht, moralisch nicht verantwortlich sind, da sie symbolisch und nicht wörtlich zu verstehen seien. Origenes (um 185-254) glaubte, dass Gott in Träumen sprach, nicht nur um den Träumenden, sondern auch um anderen Menschen zu nutzen, denen die Träumenden ihre Träume erzählten.[59]

Synesius von Kyrene glaubte, dass Träume Hoffnung schenkten. „Wenn unser Herz uns plötzlich Hoffnung schenkt, wie es im Zustand des Schlafes geschieht, dann haben wir im Versprechen unserer Träume ein göttliches Unterpfand.“ [60]

Wenn dies fünfhundert Jahre lang die christliche Haltung war, warum hat sie sich dann plötzlich geändert? Die Antwort könnten die Forschungen von Morton Kelsey und John Sanford geben. Sie stellten fest, dass Hiernoymus (um 342-420) bei seiner Übersetzung der Bibel ins Lateinische ein hebräisches Wort absichtlich mehrfach falsch übersetzt hat, wodurch Traumarbeit zu etwas Verbotenem wurde.[61] Die Übersetzung des Heiligen Hieronymus wurde als die „Vulgata-Bibel“ bekannt und hatte enormen Einfluss auf die Entwicklung der christlichen Kirche.

---

58 John Chrysostum, *Homilies on Matthew*, IV No. 18, v. 5; auf Deutsch erhältlich: Karin Krause, *Die illustrierten Homilien des Johannes Chrysostomos in Byzanz*, Reichert 2004.

59 Origen, *Against Celsus, VI, 21-23.* Auf Deutsch noch antiquarisch erhältlich: Kurt Pichler (Hrsg.) *Gegen Kelsos. Von Origenes*, Kösel 1985.

60 Augustine Fitzgerald, *The Essays and Hymns of Synesius of Cyrene*, Oxford University Press, London 1930

61 Morton Kelsey, *Gods, Dreams and Revelation*, Augsburg Publishing House, 1968 (auf Deutsch noch antiquarisch erhältlich: Morton T. Kelsey, *Träume. Ihre Bedeutung für den Christen*, Franz Verlag 1974.
John A. Sanford, *Dreams: God's forgotten Language*, auf Deutsch noch antiquarisch erhältlich als *Gottes vergessene Sprache,* Rascher 1966.

Gregor (um 540-604), auch Gregor der Große genannt, war die letzten vierzehn Jahre seines Lebens Papst. Er verfasste zahlreiche Schriften und schuf die Prinzipien und die Dogmen, die die katholische Kirche bis heute anwendet. In einer seiner Schriften bestätigte er den Wert der Träume, schrieb aber später erneut über das Thema und warnte die Menschen davor, Ihren Träumen Glauben zu schenken.

Daher gerieten Träume, die in der frühen Kirche noch so wichtig gewesen waren, allmählich in Vergessenheit, bis sich im 20. Jahrhundert die Psychoanalytiker dafür zu interessieren begannen. So baute Sigmund Freud (1856-1939) seine Analyse weitgehend auf seiner Deutung der Träume seiner Klienten auf.

Für Carl Gustav Jung (1875-1961) bestanden Träume sowohl aus psychischer als auch aus spiritueller Energie. Er entwickelte Methoden der Traumarbeit, die eng mit denen der christliche Kirche in den ersten Jahrhunderten verbunden waren. So glaubte er zum Beispiel, dass der beste Deuter eines Traumes immer der Träumer selbst sei. Dies stimmt mit dem Denken der frühen Kirche überein.

Heute betrachten Theologen Träume wieder ernstlich als Möglichkeit der Kommunikation mit dem Göttlichen. Schließlich sprachen Gott und seine Engel in der Vergangenheit durch die Träume direkt mit den Menschen. Es gibt keinen Grund, warum diese Art der Kommunikation nicht auch heute anwendbar sein sollte.

TRÄUME ERINNERN

Alle Menschen träumen; denn würden wir nicht träumen, würden wir psychisch krank. Viele Menschen behaupten, sie träumten nicht, weil sie sich an ihre Träume nicht erinnern können. Aber jeder kann lernen, wie man Träume erinnert und so all die Vorteile zu nutzen vermag, die sich für uns daraus ergeben.

Für die nützlichste Methode halte ich, ein Traum-Tagebuch neben das Bett zu legen. Sobald ich aufwache, selbst mitten in der Nacht, mache ich mir Notizen über alle Träume, an die ich mich erinnern kann. Dabei stellen sich weitere Erinnerungen ein; auch die schreibe ich gleich auf. Alle, die ich kenne und die ein Traum-Tagebuch ausprobiert haben, fanden es hilfreich.

Ich halte meine Gedanken am liebsten mit Stift und Papier fest. Sie können sie aber auch auf einen Kassettenrecorder sprechen und später ins Traum-Tagebuch eintragen, wenn Ihnen dies lieber ist. Achten Sie in diesem Fall aber darauf, dass Sie Ihre Aufzeichnungen wortwörtlich niederschreiben, denn wenn Sie die Wortwahl ändern, damit der Text sich flüssiger liest, könnte ein Teil der Bedeutung verlorengehen. Ihr Tagebuch ist nur für Sie (oder sollte es sein), und Sie sollten bei allem, was Sie da hinein schreiben, absolut ehrlich sein.

Eine andere Methode besteht darin, sich vor dem Einschlafen zu sagen, dass man träumen und sich am Morgen an den Traum erinnern wird. Ich sage mir meist, dass ich einen Traum zu einem bestimmten Thema haben und mich daran erinnern werde.

Manche Menschen empfinden es als hilfreich, mit anderen über ihre Träume zu sprechen. Beim Erzählen erinnern Sie sich wieder an vergessene Einzelheiten. Leider sind die meisten Träume für andere völlig langweilig; deshalb sollten Sie sich die Menschen, denen Sie Ihre Träume erzählen, gut aussuchen.

Manchmal wachen wir aus einem Traum auf. Wir wissen, dass wir eben noch geträumt haben, können uns aber nicht daran erinnern. Eine nützliche Methode, solche Träume wieder einzufangen, besteht darin, ruhig liegen zu bleiben, ohne sich umzudrehen, und zu warten, was einem in den Sinn kommt.

Im Allgemeinen steht der erste Gedanke, der uns gleich nach dem Aufwachen kommt, in Zusammenhang mit einem Traum. Wenn wir diesen Gedanken festhalten, werden wir uns oft an den

Schlussteil des Traumes erinnern und von da aus an den vollständigen Traum.

Manche Menschen empfinden es als hilfreich, sofort aufzustehen, kaum dass sie die Augen aufgeschlagen haben. Die Überlegung dahinter ist, dass sie so gezwungen sind, sofort vollständig wach zu werden. Dann erinnern sie sich an ihren Traum und schreiben ihn auf.

Für mich funktioniert das genaue Gegenteil besser. Ich kann meine Träume besser erinnern, wenn ich ruhig und mit geschlossenen Augen im Bett liegen bleibe. Ich gehe den Traum so gut wie möglich noch einmal durch, damit er mir völlig klar wird. Sobald ich sicher bin, dass ich mich jetzt an alle wichtigen Details erinnert habe, öffne ich die Augen und schreibe ihn in mein Traum-Tagebuch.

Probieren Sie aus, welche Methode für Sie die beste ist. Machen Sie sich keine Gedanken, wenn Sie sich an gar nichts erinnern. Wir träumen jede Nacht mehrmals, versuchen Sie es also einfach in der nächsten Nacht noch einmal, und in der übernächsten ... Mit etwas Übung werden Sie sich bald fast jede Nacht an Ihre Träume erinnern, und mit der Zeit wird Ihr Traum-Tagebuch Ihnen immer wertvoller werden.

Es gibt verschiedene Möglichkeiten, im Traum mit Michael Kontakt aufzunehmen.

DIE BITTE UM EINEN TRAUM

Die einfachste Vorgehensweise ist, Michael vor dem Einschlafen um einen Traum zu bitten. Wenn Sie mögen, schreiben Sie Ihre Frage oder Bitte auf und stecken Sie sie in einen an Michael adressierten Umschlag. Legen Sie diesen Umschlag unter Ihr Kissen. Eine meiner Bekannten schreibt Ihre Briefe an Michael in Form eines kurzen Gedichtes. Das legt sie unter ihr Kissen und sagt es außerdem beim Einschlafen immer wieder in Gedanken auf. Sie behauptet, ihre poetischen Bitten würden immer erhört. Aber natürlich müssen Sie kein Gedicht schreiben. Schreiben Sie einen Brief an Michael, so als schrieben Sie einem guten Freund.

Selbst wenn Sie Ihre Bitte nicht auf Papier festhalten, ist es gut, wenn Sie beim Einschlafen daran denken, was Sie möchten. So gelangt es in Ihr Unterbewusstsein.

Wenn Sie am Morgen aufwachen, werden Sie die Antwort wahrscheinlich in Gedanken bereits wissen. Wenn Sie ein Traum-Tagebuch neben dem Bett liegen haben, können Sie alles, was beim Aufwachen geschieht, gleich aufschreiben. Wie Sie wissen, verblassen Träume schnell und verschwinden dann aus dem Gedächtnis, besonders wenn man förmlich aus dem Bett springen muss und einen anstrengenden Tag vor sich hat.

Eine meiner Kursteilnehmerinnen hatte ein interessantes Erlebnis, als sie dies praktizierte. Die Firma, für die Lydia arbeitete, wurde verkauft, und sie machte sich Sorgen, dass Sie eine neue Stelle würde suchen müssen. Sie schrieb Michael einen Brief, in dem sie ihm von ihren Sorgen erzählte, und legte ihn unter ihr Kopfkissen. Am ersten Morgen erhielt sie noch keine Antwort. Am nächsten Morgen jedoch erinnerte Lydia sich an einen Traum, in dem sie mit einer ihrer Kolleginnen in einem neuen Labor arbeitete.

Lydia war aufgeregt und besorgt darüber. Sie kannte die Kollegin, mit der sie in ihrem Traum gearbeitet hatte, hatte aber bisher nur selten mit ihr gesprochen, weil sie in verschiedenen Abteilungen arbeiteten. Es schien seltsam, dass sie in ihrem Traum zusammenarbeiteten.

Lydia dachte den ganzen Morgen darüber nach, kam dann zu dem Entschluss, dass sie nichts zu verlieren hätte und ging zu der Frau, mit der sie im Traum zusammengearbeitet hatte. Kaum fing Lydia an, von ihrem Traum zu erzählen, legte die den Finger an die Lippen und schloss die Tür. Wie sich herausstellte, war sie gerade dabei, ihre eigene Firma zu gründen und befand sich schon auf der

Suche nach guten Mitarbeiterinnen und Mitarbeitern. Sie bot Lydia eine Stelle an, sobald es soweit wäre.

Lydia schreibt das Verdienst an ihrer neuen Stelle Michael zu.

„Nie und nimmer hätte ich mit Carol gesprochen, wenn sie nicht in meinem Traum aufgetaucht wäre. Ich kannte sie ja kaum. Warum sollte sie ausgerechnet dann in meinem Traum erscheinen, als ich Michael um Hilfe gebeten hatte? Die Antwort ist doch sonnenklar, zumindest für mich. Ich rief Michael um Hilfe an, und er gab mir die Antwort im Traum."

Lydia hatte nicht um Antwort in Gestalt eines Traumes gebeten. Die Antwort auf eine solche Bitte kommt jedoch häufig in Form eines Traumes zum betreffenden Thema. Manchmal taucht die Antwort auch in unseren Gedanken auf, entweder gleich beim Aufwachen oder im Laufe des Tages, wenn wir an etwas arbeiten, das überhaupt nichts mit dem Problem zu tun hat.

PROPHETISCHE TRÄUME

Es gibt viele berühmte Beispiele für prophetische Träume. Julius Cäsars Frau Calpurnia träumte, ihr Mann solle sich vor den „Iden des März" hüten. Leider aber, obwohl er sonst seine Träume selbst zu Rate zog, ignorierte Cäsar diesen und bezahlte mit dem Leben dafür. Abraham Lincoln träumte kurz vor seiner Ermordung von seiner Beerdigung. Charles Dickens erlebte ein typisches Beispiel für einen prophetischen Traum. Er träumte von einer Frau mit einem roten Schal, die Miss Napier hieß. Als er am Morgen aufwachte, wunderte er sich darüber, denn er kannte niemanden diesen Namens. Am Abend darauf wurde Charles Dickens einer Dame mit einem roten Schal vorgestellt, die Miss Napier hieß.[62]

---

62 Walter Franklin Price, *Noted Witnesses for Psychic Occurrences*, University Books, New Hyde Park 1963. Ursprünglich veröffentlicht von der Boston Society for Psychic Research, 1928 .

Bei der Arbeit mit Ihrem Traum-Tagebuch werden Sie feststellen, dass viele Ihrer Träume prophetisch sind. Kurz nachdem ich begonnen hatte, ein Traum-Tagebuch zu führen, träumte ich, ich würde mit einem alten Schulfreund Kaffee trinken. Ich hatte meinen Freund seit über zehn Jahren nicht gesehen, daher war ich völlig überrascht, als wir uns ein paar Wochen später zufällig begegneten. Wir gingen in eine Cafeteria und erzählten uns, was wir in all den Jahren getan hatten. Hätte ich meinen Traum nicht in meinem Traum-Tagebuch aufgeschrieben, wäre mir vielleicht völlig entgangen, wie prophetisch er war. Prophetische Träume können alltäglich sein wie meiner oder höchst bedeutungsvoll. Die Träume von Calpurnia und Abraham Lincoln hätten wichtiger nicht sein können.

Michael kann uns helfen, prophetische Träume zu träumen, die uns Erkenntnisse über die Zukunft schenken. Wenn Sie abends zu Bett gehen, bitten Sie Michael, Ihnen einen Traum zu senden, der Ihnen genau zeigt, wie die Zukunft aussehen wird, wenn Sie etwas Bestimmtes tun.

Schreiben Sie gleich morgens beim Aufwachen alles auf, woran Sie sich erinnern. Manchmal wird das sehr viel sein, ein anderes Mal werden Sie sich kaum an etwas Wichtiges erinnern können. Sprechen Sie diese Bitte mehrere Tage nacheinander aus. Nach etwa einer Woche sollten Ihre Träume Ihnen ausreichend Hinweise darauf gegeben haben, wie sich die Dinge entwickeln werden. Aufgrund dieser Informationen können Sie nun entscheiden, ob Sie Ihr geplantes Vorhaben umsetzen wollen oder nicht.

Ein junger Freund von mir hatte beschlossen, ein Jahr mit dem Studium auszusetzen, um zu reisen und, wie er es nannte, „etwas vom Leben mitzukriegen". Da er nur noch ein Jahr bis zu seinem Abschluss hatte, schlug ich vor, er solle Michael um einen prophetischen Traum bitten.

In den ersten drei Nächten konnte sich Thomas an keinen Traum erinnern. In der vierten Nacht aber hatte er einen Traum, den er so beunruhigend fand, dass er seine Meinung änderte. Er ging wieder zur Uni und machte seinen Abschluss. Erst mehrere Monate danach erzählte er mir, was er geträumt hatte.

„Es war echt unheimlich“, sagte er. „In meinem Traum reiste ich in der Welt herum, und alles war super. Aber als ich wieder zurück kam, ging ich nicht wieder zur Uni, sondern hatte einen stinklangweiligen Job in einem Möbelgeschäft. Ich war wütend auf mich selber, dass ich meinen Abschluss nicht gemacht hatte und schob die Schuld daran allen anderen zu.“

Thomas ist heute ein erfolgreicher Anwalt, und er dankt Michael dafür, dass er ihm gezeigt hatte, wie wichtig es ist, erst seinen Abschluss zu machen und dann „etwas vom Leben mitzukriegen“.

LUZIDES TRÄUMEN

Bei einem luziden Traum ist man sich während des Träumens bewusst, dass man träumt. Man kann den Traum aktiv beeinflussen und seinen Verlauf bestimmen. Die meisten Menschen erleben so etwas hin und wieder ganz von selbst. Es ist aber auch eine Fähigkeit, die man entwickeln kann. Den Begriff „luzides Träumen“ schuf der holländische Arzt und Forscher Frederick van Eeden, der seinen ersten luziden Traum 1897 erlebte.[63] Er schrieb einen ausführlichen Artikel zum Thema, der 1913 in den „Proceedings of the Society for Psychical Research“ veröffentlicht wurde. Leider war er seiner Zeit voraus, und es sollte noch viele Jahrzehnte dauern, bis Wissenschaftler begannen, dieses Phänomen zu untersuchen.

Zwar kann anscheinend fast jeder lernen, luzide zu träumen, aber Menschen, die meditieren und häufig ihre Träume erinnern, fällt es leichter als Menschen, die ihren Träumen überhaupt keine Beachtung schenken.[64]

---

63 John Travers, *Dreamworking*, Child and Company London 1978

64 Jayne Gackenbach und Jane Bosveld, *Herrscher im Reich der Träume. Kreative Problemlösungen durch luzides Träumen*, Kamphausen, Bielefeld 1991.

Das erste Stadium des luziden Träumens bedeutet, mitten im Traum zu erkennen, dass man träumt. Die meisten Menschen wachen auf, wenn sie dieses Stadium erreichen. Mit etwas Übung kann man jedoch im Traum bleiben und schauen, wohin er führt. Stattdessen kann man den Traum aber auch in jede beliebige Richtung steuern. Man kann das Thema des Traumes, den man gerade hat, beibehalten, aber ihn positiver oder angenehmer gestalten. Das ist besonders bei sexuellen Träumen der Fall. Man kann aber auch Schauplatz und Ereignisse des Traumes von Grund auf ändern. Man kann in der Zeit rückwärts und vorwärts reisen, Menschen besuchen, die seit vielen Jahren tot sind und sich mit ihnen unterhalten, Orte besuchen, an die man schon immer reisen wollte, auf diesem Planeten oder anderswo, man kann alles tun, was man möchte. Natürlich können wir unsere luziden Träume auch dazu verwenden, Zeit mit Michael zu verbringen.

Selbstverständlich möchten Sie wahrscheinlich nicht erst warten, bis Sie zufällig einmal einen luziden Traum haben. Zum Glück kann man das luzide Träumen fördern.

Lesen Sie möglichst viel Literatur zu diesem Thema. Das scheint das Auftreten luzider Träume zu erleichtern. Wenn Sie ein Traum-Tagebuch führen, kann es auch helfen, wenn Sie Ihre früheren Träume lesen; vielleicht hatten Sie ja bereits unwissentlich eine Reihe luzider Träume. Flugträume sind zum Beispiel manchmal luzide Träume.

Sie können sich vor dem Schlafengehen sagen, dass Sie in der kommenden Nacht einen luziden Traum haben und ihn nutzen werden, um ein bestimmtes Ziel zu erreichen. Diese Methode funktioniert bei einigen Menschen ausgezeichnet, bei mir hingegen, so habe ich festgestellt, funktioniert sie nur gelegentlich.

Eine andere Methode, die ebenfalls viele Menschen sehr hilfreich finden, ist, sich zu sagen, dass man in dem Moment, in dem man im Traum seine Hände sieht, sofort anfängt, luzide zu träumen. Aber auch diese Methode funktioniert bei mir nur hin und wieder.

Die verlässlichste Methode besteht für mich darin, meinen Wecker so zu stellen, dass er mich etwa vier Stunden nach dem Einschlafen weckt. Wenn er klingelt, schalte ich ihn aus, und wenn ich gerade geträumt habe, kehre ich zu meinem Traum zurück.

Wenn Sie das ausprobieren, werden Sie die ersten paar Male wahrscheinlich feststellen, dass die Erkenntnis, dass Sie luzide träumen, Sie aufwachen lässt. Wenn Sie dieses Stadium jedoch einmal überwunden haben, wird es Ihnen nicht mehr schwerfallen, Ihren Traum in jede beliebige Richtung zu steuern.

Im Sinne dieses Buches nehme ich einmal an, dass Sie luzide träumen, um Zeit mit Michael zu verbringen. Bevor Sie versuchen, auf diese Weise Kontakt mit ihm aufzunehmen, überlegen Sie sich, wo Sie ihn gerne treffen würden. Würden Sie gerne einen einsamen Strand mit ihm entlang gehen? Ist Ihnen eine Waldlandschaft lieber oder ein sanft dahinfließender Strom oder ein Berggipfel mit atemberaubender Aussicht? Sie können sich auch Ihr Wohnzimmer oder Ihren Arbeitsplatz aussuchen, wenn Sie möchten. Es spielt keine Rolle, welchen Ort Sie wählen, aber es empfiehlt sich, ihn im Voraus festzulegen, damit Sie und Michael sich an einem Ort begegnen, der Ihnen angenehm ist.

Überlegen Sie die Fragen, die Sie Michael stellen möchten. Auch hier ist es besser, sich im Vorhinein darüber klar zu sein, damit man nachher keine Zeit verschwendet.

Sobald Sie merken, dass Sie luzide träumen, denken Sie daran, dass Sie mit Michael kommunizieren wollen. Es kann sein, dass Sie sofort seine Gegenwart spüren. Möglicherweise fühlt es sich ein paar Sekunden lang so an, als flögen Sie, bevor Sie bei ihm sind.

Wenn Sie Ihre Fragen gestellt und seinen Antworten zugehört haben, fragen Sie Michael, welchen weiteren Rat er Ihnen noch geben kann. Danken Sie ihm für seine Zeit und seine Führung und verabschieden Sie sich dann. Für gewöhnlich wird Ihr Traum an dieser Stelle enden, und Sie fallen in einen tiefen Schlaf. Gelegentlich können Sie Ihrem Traum aber auch noch eine neue Wendung geben. Wenn dies geschieht, stelle ich mir vor, dass ich tief und fest schlafe, und innerhalb kürzester Zeit geschieht das dann auch.

Wenn Sie morgens aufwachen, sinnen Sie dem Traum noch ein Weilchen nach, bevor Sie aufstehen. Schreiben Sie alles, woran Sie sich erinnern, in Ihr Traum-Tagebuch und fügen Sie alle Einzelheiten hinzu, die Ihnen später noch einfallen.

Träume stellen eine entscheidende Verbindung zu unserem inneren Selbst dar. Die Arbeit mit Träumen ist auf vielen Ebenen sinnvoll. Sie hilft uns, uns selber besser zu verstehen und zu akzeptieren. Träume unterstützen uns dabei, unser volles Potenzial zu verwirklichen; und sie ermöglichen die Kommunikation mit dem Göttlichen.

Vor 150 Jahren schrieb Henry David Thoreau (1917-62) in *Walden oder Leben in den Wäldern* (1854): „Wenn jemand vertrauensvoll in der Richtung seiner Träume vorwärts schreitet und danach strebt, das Leben, das er sich einbildete, zu leben, so wird er Erfolge haben, von denen er sich in gewöhnlichen Stunden nichts träumen ließ.“[65]

65 Henry David Thoreau, *Walden oder Leben in den Wäldern*, Diogenes, Zürich 1979

10

MICHAEL ANDEREN VORSTELLEN

Die meisten Menschen beginnen erst einmal für sich alleine, mit den Erzengeln zu arbeiten. Durch irgendetwas wird ein erstes Interesse an dem Thema geweckt, und der Mensch betritt eine aufregende Welt voller neuer Entdeckungen und Erfahrungen. Es ist nur natürlich, dass man die Freude über diese Erkenntnisse mit anderen teilen will. Da aber alle Menschen verschieden sind, werden Sie bald feststellen, dass die einen sehr empfänglich dafür sind, während andere Ihren neuen Interessen völlig ablehnend gegenüberstehen. Es kann enttäuschend sein, wenn jemand, der Ihnen viel bedeutet, sich überhaupt nicht für etwas interessiert, das für Sie so große Bedeutung hat. Aber es ist überhaupt nichts gewonnen, wenn Sie versuchen, ihr oder ihm Ihre Denkweise aufzuzwingen.

Viel besser ist es, es dabei bewenden zu lassen, dass Sie darüber geteilter Meinung sind und abzuwarten, bis die Menschen nach und nach von den positiven Veränderungen beeindruckt sind, die mit Ihnen vor sich gehen. Aber selbst dann ist es besser, vorsichtig zu bleiben. Beantworten Sie die Fragen der anderen und erklären Sie, warum Sie bestimmte Dinge tun, aber achten Sie darauf, dass es keinesfalls so scheint, als läge Ihnen besonders viel daran, ihr Interesse an dem zu wecken, was Sie tun. Die Antworten auf ihre Fragen sind den Leuten vielleicht schon genug, mehr wollen sie gar nicht wissen. Wenn sie jedoch weiter Fragen stellen, beantworten Sie sie so gut Sie können und empfehlen Sie Buchhandlungen oder Internetseiten, wo sich weitere Informationen finden lassen.

Mit Sicherheit werden Sie auch Leuten begegnen, die das, was Sie tun, für Teufelswerk halten und Sie schon auf dem Weg in die ewige Verdammnis sehen. Ich habe aus der Erfahrung gelernt, dass diese Leute unseren Argumenten gar nicht zugänglich und nur darauf aus sind, uns ihre Auffassungen aufzuzwingen. Da auf dieser Grundlage unmöglich vernünftig zu diskutieren ist, lässt man sich am besten erst gar nicht auf ein Gespräch ein, das ohnehin nur im Streit endet. Seien Sie nachsichtig mit solchen Leuten. Sie sind der ehrlichen Meinung, dass sie das Richtige tun.

Ich hoffe, dass Sie jemanden finden, der genauso viel Interesse an der Sache hat wie Sie und mit dem oder der Sie tiefer einsteigen können. Viele Rituale in diesem Buch lassen sich auch mit zwei oder mehr Teilnehmern ausführen. Die Ergebnisse sind häufig erstaunlich. Vieles tue ich ganz für mich alleine, aber ich habe immer wieder festgestellt, dass die Ergebnisse eines Rituals, das ich mit anderen Menschen zusammen ausführe, deutlicher und eindrücklicher sind. Daher bin ich überzeugt, dass eins plus eins häufig drei, vier oder manchmal sogar fünf ergibt.

Vor vielen Jahren musste ich sehr aufpassen, was ich in der Öffentlichkeit sagte, weil das „Neue Denken" damals noch nicht im selben Maße akzeptiert war wie heute. Heute kann ich ungezwungen sprechen und habe deshalb oft Gelegenheit, anderen Menschen das Engelreich vorzustellen.

Vor nicht allzu langer Zeit traf ich einen Freund in einem Park vor einem Sommerkonzert. Wir waren alle zeitig da, um noch gute Plätze zu bekommen. Irgendwie kamen wir auf das Thema Engel zu sprechen, und seine Frau erzählte, sie arbeite mit Raphael, weil sie Heilung brauche. Die Menschen rechts und links von uns beteiligten sich an dem Gespräch, und so bekam ich Gelegenheit, mehrere Menschen in ein Thema einzuführen, an das sie zuvor vielleicht nie gedacht hatten.

Ich betrachte solche Situationen nicht als Zufall. Normalerweise möchten die Menschen, mit denen ich spreche, etwas über das Engelreich erfahren, und ich bin einfach der Katalysator, der sie dazu bringt, sich weiter mit dem Thema zu befassen. Sie werden erleben, dass Ihnen dasselbe passiert, wenn Sie tiefer ins Thema einsteigen. Hätte mein Freund das Thema nicht gestreift, hätte ich wahrscheinlich gar nicht darüber gesprochen, und die anderen Leute wüssten wohl heute noch nichts darüber. Wenn Sie das Thema nicht interessiert hätte, hätten Sie sich allerdings auch nicht an dem Gespräch beteiligt. Ich glaube, sie waren einfach bereit, etwas darüber zu erfahren, und es war eine glückliche Fügung, dass sie neben uns saßen.

Manchmal kommt die Rede auf die Engel in einem Kurs zu einem völlig anderen Thema. In einer solchen Situation spreche ich gerne über Engel, wenn es mir stimmig erscheint. Auch dadurch kommen Menschen manchmal mit einem Thema in Berührung, an das sie zuvor nie gedacht hatten.

Vor ein paar Jahren flog ich von Los Angeles nach Toronto. Der Flug war sehr angenehm, weil die Dame neben mir und ich uns fast die ganze Zeit über Engel unterhielten. Ich erinnere mich nicht mehr, wie wir darauf kamen, aber wir hatten ein faszinierendes Gespräch, bei dem wir beide Neues lernten.

Mit Ihrem Wissen über Engel und Erzengel werden Sie vielen Menschen helfen können. Sie werden die Neigung verspüren, mit allen und jedem darüber zu sprechen. Widerstehen Sie ihr, aber achten Sie auf Gelegenheiten, mit Menschen darüber zu sprechen, die ernstlich interessiert sind und von diesen Informationen wirklich etwas haben. Sie werden staunen, wie oft Sie Gelegenheit bekommen, mit anderen über Engel zu sprechen. Dies ist ein gutes Beispiel dafür, wie das Universum arbeitet.

11

MICHAEL IM EIGENEN INNEREN FINDEN

Manchmal lachen die Leute, wenn ich ihnen rate, Michael in ihrem eigenen Inneren zu suchen. Sie haben dabei den physischen Michael vor Augen und denken nicht an die verschiedenen Eigenschaften von Michael, die sie bereits besitzen.

Michael ist der Erzengel des Mutes, der Kraft, der Wahrheit, der Integrität und des Schutzes. Ob Sie es wissen oder nicht, alle diese Eigenschaften sind bereits in Ihnen angelegt. Natürlich sind einige davon erst latent vorhanden, aber Michael ist bereit, Ihnen beim Arbeiten an jeder Eigenschaft zu helfen, an der es Ihnen noch mangelt.

Sie müssen nicht warten, bis Sie eine bestimmte Eigenschaft benötigen. Es ist eindeutig besser, Mut und Kraft zu entwickeln, bevor Sie sich in einer emotional schwierigen Lage befinden, weil Sie so auf weniger belastende und beschwerliche Weise damit umgehen können.

Es ist jedoch nie zu spät, Michael um Hilfe zu bitten. Adelina, eine Frau, mit der ich vor vielen Jahren gearbeitet habe, war eine chronische Lügnerin. Sie log sogar, wenn es gar keine Veranlassung dazu gab. Sie war eine attraktive, liebenswerte Person mit einem sonnigen Gemüt. Doch ihre Freundschaften hielten meist nicht lange, denn die Menschen mieden sie, sobald sie entdeckten, dass sie selten die Wahrheit sagte. In den wenigen Fällen, in denen sie die Wahrheit sagte, glaubte ihr niemand mehr, da jeder nur noch eine Lüge erwartete. Es war eine eigenartige Situation, und schließlich verriet mir Adelina, dass sie log, um ihre Beliebtheit zu vergrößern. Das Ergebnis war natürlich das genaue Gegenteil.

Schließlich beschloss Adelina, etwas gegen dieses Problem zu tun. Eine Freundin lieh ihr ein Buch über Engel, und sie begann, Michael um Hilfe zu bitten, damit sie aufrichtig und ehrlich werden konnte. Wie nicht anders zu erwarten, stieß Adelina bei ihrer allmählichen Veränderung auf eine Vielzahl von Problemen. Weil jeder erwartete, dass sie log, brachte es die Leute ganz durcheinander, wenn sie feststellten, dass sie die Wahrheit sagte. Mehrfach war sie kurz davor aufzugeben. Glücklicherweise half ihr Michael, ihrem Leben eine neue Wendung zu geben.

„Wenn er mir nicht jedes Mal beigestanden hätte, wenn ich versucht war zu lügen", sagte sie, „wäre ich wieder in meine alte Gewohnheit verfallen. Wahrscheinlich habe ich sehr vielen Leuten weh getan, weil ich plötzlich zu ehrlich wurde, aber zum Schluss konnte ich endlich stolz auf mich sein. Es war ein schwieriger Weg, aber jetzt weiß ich ohne den geringsten Anflug eines Zweifels, dass ich alles schaffen kann. Michael ist bei mir, wann immer ich ihn benötige."

So wie er uns helfen kann, Eigenschaften zu entwickeln, die uns fehlen, kann Michael uns auch helfen, mit den negativen Aspekten unserer Persönlichkeit umzugehen. Natürlich müssen wir wissen, welche das sind, bevor wir Michael um Hilfe bitten können. Einige weniger erfreuliche Charakterzüge kennen wir sicher, andere hingegen nicht. Fragen Sie in diesem Fall jemanden, dem Sie vertrauen können, nach Ihren negativen Eigenschaften. Es ist wichtig, dass Sie nicht aggressiv oder wütend auf das reagieren, was Sie hören. Ihr Gegenüber tut Ihnen einen Gefallen, und ob Sie nun damit einverstanden sind, was er oder sie Ihnen sagt oder nicht, Sie sollten auf jeden Fall darüber nachdenken. Wenn Sie zum Beispiel zu hören bekommen, Sie seien stolz, selbstgefällig und egoistisch, dann nehmen Sie sich die Zeit, darüber nachzudenken, warum der Mensch, dem

Sie vertrauen, Ihnen so etwas sagen sollte, wenn es nicht wahr wäre. Wenn Sie näher darüber nachdenken, entdecken Sie vielleicht, dass Sie zumindest manche dieser Eigenschaften zeigen. Wenn Ihnen das klar ist, können Sie etwas dagegen tun. Bitten Sie Michael, dass er Ihnen dabei hilft, diese negativen Aspekte Ihres Wesens zu überwinden und haben Sie Geduld, wenn Michael Sie darin unterstützt, die negativen Aspekte allmählich umzuwandeln.

Nathaniel kenne ich schon fast mein ganzes Leben lang. Wir waren nie enge Freunde, aber hin und wieder kreuzen sich unsere Wege. Er ist gesellig und extravertiert, und bin ab und zu wirklich gerne mit ihm zusammen. Allerdings treffe ich mich mit ihm am liebsten entweder bei ihm oder bei mir zu Hause, weil er in Restaurants unglaublich grob und ekelhaft zu den Angestellten ist. Sein herrisches Gehabe ist unerfreulich und überflüssig, aber er scheint es selber gar nicht zu bemerken. Daher war ich ein wenig nervös, als ich ihn vor ein paar Monaten in einem großen Restaurant treffen sollte. Das wäre gar nicht nötig gewesen, denn er war freundlich und charmant zum Personal. Seine Veränderung war so deutlich, dass ich ihn fragte, was geschehen sei.

Er erklärte, eines abends habe sich seine Frau geweigert, mit ihm essen zu gehen, da sie sein Verhalten immer beschämend fand. Nathaniel stritt ab, jemals Anlass zu Beanstandungen gegeben zu haben und ging nach einem Streit mit seiner Frau alleine zum essen mit ihren Freunden. Seine Frau blieb zu Hause. Zum ersten Mal im Leben achtete er darauf, wie er sich im Laufe des Abends verhielt, und er war schockiert, was er dabei entdeckte. Als er nach Hause kam, entschuldigte er sich bei seiner Frau.

„Und was hat diese Veränderung bewirkt?“, fragte ich.

Nathaniel schaute betreten drein, aber dann lachte er. „Mit dir kann ich ja darüber reden, aber sonst kaum mit jemandem. Margot brachte mich dazu, mich an einen Engel zu wenden. Es war Michael. Ich musste mich hinsetzen und ihr zusehen, wie sie Kerzen anzündete und ein paar Gebete sprach. Ich hab das zunächst nur ihr zuliebe mitgemacht, aber plötzlich wusste ich, dass Michael da war. Ich konnte ihn nicht sehen, aber ich spürte plötzlich diese sichere Gewissheit, dass er bei uns im Zimmer war. Ein Schauer lief mir über den Rücken. Ich kann dir auch ruhig sagen, dass mir die Tränen kamen. Es war ein höchst emotionales Erlebnis. Nach diesem ersten Mal bat ich Margot, es wieder zu tun, und dann begannen wir, an meinen Problemen zu arbeiten. Nun ja, ehrlich gesagt, wir sind immer noch dabei." Nathaniel zuckte mit den Schultern. „Ich glaube, ich habe mehr Macken als die meisten Leute."

Nathaniel hat noch einen weiten Weg vor sich, aber dank Michael ist er nun auf der richtigen Spur. Nun graust es mir nicht mehr, mich mit ihm in der Öffentlichkeit zu treffen, sondern ich freue mich darauf, mit ihm zusammen zu sein und zu hören, wie es ihm geht.

Folgende Art, meine Schwierigkeiten anzugehen, empfinde ich als sehr hilfreich: Ich bitte Michael, mir nur einen einzigen Tag beiseite zu stehen, während ich mich darauf konzentriere, in einem Bereich, der mir Schwierigkeiten bereitet, kleine Fortschritte zu erzielen. Am Ende des Tages bewerte ich meine Fortschritte. Jedes Mal bin ich dann weiter, als ich ohne Michaels Hilfe gekommen wäre. Wenn ich sehe, was ich an nur einem Tag erreicht habe, lässt mich das natürlich an den darauffolgenden Tagen schneller und weiter fortschreiten.

Eine andere Methode besteht darin, sich zu entspannen und über die eigenen Probleme nachzudenken. Sobald Sie bereit sind, bitten Sie Michael, zu Ihnen zu kommen und besprechen Sie mit ihm, was Sie tun können, um sie zu lösen. Das kann ein freundliches Gespräch zwischen guten Freunden sein. Es gibt überhaupt keinen Grund, sein Schicksal zu bejammern oder sich zu bemitleiden. Michael ist da, um Ihnen dabei zu helfen, dass Sie Möglichkeiten finden, die Eigenschaften zu entwickeln, die Ihnen Ihrer Meinung nach fehlen. Freuen Sie sich über das Ergebnis, anstatt traurig darüber zu sein.

Ich bin Menschen begegnet, die meinten, sie seien so schlecht, dass ihnen keiner mehr helfen könne. Wir haben alle gute und schlechte Eigenschaften, und der Mensch, dem nicht vergeben werden könnte, muss mir erst noch begegnen. Ganz gleich, wie unsere Vergangenheit ausgesehen haben mag, wir können uns grundlegend ändern und der Mensch werden, der wir sein möchten, indem wir den Michael in uns finden.

Nach einer dritten Methode können Sie eines der Rituale ausführen, die wir bereits besprochen haben, und es dazu nutzen, den Michael in Ihrem Inneren zu entdecken. Sie können diese Methode auch bei der Entspannung oder in der Meditation einsetzen. Sobald Sie ausreichend entspannt sind, bitten Sie Michael einfach, er möge Ihnen helfen, die Eigenschaften zu entwickeln, die Ihnen Ihrer Meinung nach fehlen. Oft werden Sie bereits die Veränderungen in Ihrem Inneren spüren, während Sie noch mit Michael sprechen.

Ganz gleich, welche Methode Sie anwenden, um den Michael in Ihrem Inneren zu finden, Sie werden fast sofort eine Verbesserung spüren. Immer wenn Sie in einer Situation sind, in der es um die Eigenschaften geht, die Michael verleiht, denken Sie daran, dass Michael bei Ihnen ist, und Sie werden augenblicklich ein Gefühl ruhiger Gewissheit und Kraft verspüren.

Mit Michaels Hilfe gibt es keine Grenze, die wir nicht überwinden könnten.

12

SCHLUSS

Ich hoffe, dieses Buch hat Ihnen geholfen, mit Michael in Kontakt zu kommen, damit Sie erleben können, wie gut seine Liebe, sein Trost und seine Unterstützung Ihnen tun. Ich hoffe auch, dass es Sie anregt, mehr über die anderen Erzengel und das gesamte Engelreich zu erfahren.

Mit der Hilfe von Michael und den anderen Engeln können Sie wachsen und Ihr volles Potenzial entwickeln. Sie werden den Sinn Ihres Lebens entdecken. Sie kommen enger mit Ihrem göttlichen Wesen in Berührung. Jeder Aspekt Ihres Lebens wird sich Ihnen tiefer erschließen, wenn Sie Herz und Verstand dem Engelreich öffnen.

Ich wünsche Ihnen große Freude und wahres Glück auf Ihrem Weg.

LITERATUREMPFEHLUNGEN

Armstrong Fraser, Gwennie, Im Licht der Engel, Aquamarin 1997

Augsburg, Gabriele P., Engel-Visionen, Aquamarin 2001

Baertz, Liselotte, Die Engel von Geburt und Tod, Aquamarin 2000

Booth, Mike, Archangeloi, Aquamarin 2005

Fox, Sabrina, Der klitzekleine Engel, Aquamarin 2001

Fox, Matthew und Sheldrake, Rupert, Engel. Die kosmische Intelligenz, Kösel 1999

Gertsch, Elisabeth, Die Engel an unserer Seite, Aquamarin 1999

Giovetti, Paola, Engel - Die unsichtbaren Helfer der Menschen, Heyne 1993, Hugendubel 2002

Hodson, Geoffrey, Engel und die Entwicklung des Lebens, Aquamarin 2004

Maclean, Dorothy, Du kannst mit Engeln sprechen, Aquamarin 2005

dies., Die Engel der Länder und Völker, Aquamarin 2005

Michel, Peter, Der Sternenengel, Aquamarin 1998

Moolenburgh, H. C., Engel als Beschützer und Helfer der Menschheit, Hermann Bauer 1997

Newhouse, Flower A., Die Engel der Natur, Aquamarin 1996

dies., Engel und Devas, Aquamarin 2002

Newhouse, Flower A.; Isaac, Stephen, Im Reich der Erzengel, Aquamarin 2005

Pseudo-Dionysios, Areopagita, Die Hierarchien der Engel und der Kirche, O. W. Barth 1955

Salzmann, Marlies, Die kleinen Engel, 45 Karten, Aquamarin 1999

dies., Die kleinen Engel leben bewusst, Aquamarin 2005

Smith, Robert C., Schutzengel und Heilengel, Aquamarin 2004

Stolp, Hans, Mit Engeln leben, Aquamarin 2003

Taylor, Terry Lynn, Die Engel waren zur Stelle. Wunderbare Berichte vom hilfreichen Wirken höherer Wesen, Aquamarin 1995

White Eagle, Naturgeister und Engel, Aquamarin 2000

Wülfing, Sulamith, Engel, Aquamarin 1995

Das Engel-Orakel, 40 Karten, Aquamarin 1996

Engelwesen, Aquamarin, 2000

Engelwesen und Naturgeister, Aquamarin 2002

Himmelslicht. Weisheitsworte der Engel. Mit Engelkarten, Aquamarin 2005

Richard Webster

Die großen Erzengel: Gabriel

Das Wirken der Erzengel im Himmel und auf Erden

Paperback, 168 Seiten,
ISBN 978-3-89427-548-8

Die großen Erzengel: Raphael

Das Wirken der Erzengel im Himmel und auf Erden

Paperback, 168 Seiten,
ISBN 978-3-89427-549-5

Die großen Erzengel: Uriel

Das Wirken der Erzengel im Himmel und auf Erden

Paperback, 168 Seiten,
ISBN 978-3-89427-349-1

Die erste umfassende Dokumentation über das Wirken der großen Erzengel in Geschichte und Gegenwart!
In vier Einzelbänden beschreibt Richard Webster in beeindruckender Weise das wundervolle Wirken der majestätischen Engelwesen, die als Botschafter Gottes zwischen den Menschen und den himmlischen Welten vermitteln.
Neben den Schilderungen ihres segensreichen und beschützenden Eingreifens enthält jeder Band auch Übungen, um das Bewusstsein des Menschen zu öffnen und einzustimmen auf die lichtvollen Erzengel. So kann der Einzelne schrittweise zu einem erwachten Mitarbeiter im großen göttlichen Lebensplan heranreifen.
Ein Meisterwerk, das wahrhaft Türen in die strahlenden Lichtreiche der großen Erzengel öffnet!